우리 주변에서 쉽게 볼 수 있는

어린이를 위한
식물 비교도감

어린이를 위한
식물 비교 도감 (보급판)

초판인쇄 : 2019년 12월 05일
초판발행 : 2019년 12월 10일

지 은 이 ｜ 송길자 · 김옥림
펴 낸 이 ｜ 고명진
펴 낸 곳 ｜ 가람누리

출판등록 ｜ 2011년 7월 29일 제312-2011-000040호
주　　소 ｜ 경기도 고양시 덕양구 통일로 140(동산동)
　　　　　 삼송테크노밸리 B동 329호
전　　화 ｜ (02)356-8402 / FAX (02)356-8404
E-MAIL　 ｜ garamnuri@daum.net
홈페이지 ｜ www.munyei.com

ISBN 978－89－97272－41－9 (66480)

※ 이 책의 내용을 저작권자의 허락 없이 복제, 복사, 인용, 무단전재하는 행위는
　 법으로 금지되어 있습니다.

우리 주변에서 쉽게 볼 수 있는

식물 어린이를 위한 비교도감

송길자·김옥림 공저

가람누리

책을 펴내며

 우리나라는 봄, 여름, 가을, 겨울의 사계절이 뚜렷해서 사람이 살아가기에 참 좋은 환경이에요. 그러면 우리 사람들에게만 살기 좋은 곳일까요? 아니에요. 식물들도 살아가기 아주 좋은 환경이지요. 우리는 배고프면 밥을 먹고 싶고, 힘들면 쉬고 싶고, 피곤하면 잠을 자고 싶어 해요. 식물들이 살아가는 방식도 우리와 같아요.

 겨울이 지나 봄이 오면 일찍부터 꽃을 피우는 식물이 있는가 하면, 더운 여름을 견디며 선선한 바람이 불어올 무렵에 꽃을 피우는 식물도 있어요. 이렇게 꽃을 피운 다음에 이 식물들은 깊은 잠에 빠져들어요. 마치 곰이 겨울잠을 자듯이 식물도 잠을 자는 거예요.

 이른 봄이 되면 산과 들의 여기저기에서 꽃이 피어나기 시작해요. 우리는 화단에 꽃을 심기도 하고 전시회에 가거나 우리 주변의 산과 들에 피어 있는 꽃을 보러 가기도 하지요. 예쁘게 피어 있는 꽃들을 보고 있노라면 마음이 참 편안해지고 기분이 좋아져요.

 한여름이 되면 식물들도 몹시 힘들어해요. 비가 너무 많이 오면 물을 많이 먹어서 힘들어하고, 반대로 비가 오지 않으면 살아가는 데 필요한 물을 얻지 못해서 힘들어해요. 우리는 목이 마르면 물을 찾아 마실 수 있지만 식물들은 하늘에서 내리는 비를 맞지 않으면 물을 먹을 수 없거든요. 그래서 이 식물들은 진화를 하면서 꾀를 내었어요. 잎의 수를 줄이거나 키를 작게 해서 물을 적게 먹어도 살아갈 수 있도록 한 거예요. 한여름 높은 산에 올라가면 키 작은 식물들이 바위에 붙어 자라는 것을 볼 수 있는데, 바로 이런 이유 때문이에요.

 선선한 바람이 불어오는 가을이 되면 바람에 흔들리며 꽃을 피우는 식물들을 볼 수 있어요. 이때는 날씨가 쌀쌀하고 바람이 많이 불어서 곤충들이 잘 움직이지 않아요. 바람에 꽃가루받이를 하는 식물은 괜찮지만 곤충에 의해 꽃가루받이를 해야 하는 식물은 난처하지요. 그래서 식물들은 또 꾀를 내었어요. 곤충을 끌어당기는 강한 향을 내뿜어서 곤충이 이 향을 맡으면 견딜 수 없게 해요. 이런 식물들을 밀원식물이라고 하지요. 이렇게 곤충을 유인하여 꽃가루받이를 한 식물은 열매를 맺고 깊은 잠에 들어가요.

날이 점점 추워져 겨울이 되지요. 겨울에도 꽃이 피는 식물이 있을까요? 있어요. 바로 제주도와 남부지방의 따뜻한 곳에서 사는 식물이에요. 겨울에 꽃을 피우는 대표적인 식물이 동백나무예요.

이처럼 식물들은 뿌리를 내린 그 자리에서 움직일 수는 없지만 자신에게 주어진 환경을 최대한 활용하면서 자손들을 만들어 퍼트려요. 이런 식물들이 어떤 모습을 하며 어떻게 자라고 또 어떻게 자손을 남기는지 알고 있나요? 어떤 식물들은 생김새가 비슷한데도 다른 이름을 가지고 있어요. 이 식물들은 어디가 어떻게 다를까요? 어떤 점이 닮았는지, 어떤 점이 다른지 정확하게 알아보고 이름을 불러주세요.

이 책을 쓴 이유가 여기 있어요. 먼저, 잎이나 꽃의 생김새가 비슷하지만 이름이 다른 식물들을 어떻게 구분할 수 있는지 알려주기 위해서예요. 어렸을 때 본 식물들은 기억에 굉장히 오래도록 남아 있어요. 그래서 어릴 때부터 비슷한 식물들을 구분하고 그 식물의 이름을 정확히 불러줄 필요가 있어요. 또 우리나라에 들어와서 자리를 잡은 외래식물도 알아야 해요. 외래식물이 어떻게 우리 토종 식물들과 자리다툼을 하고 있는지, 외래식물이 들어온 이후 우리 토종 식물은 어떻게 살아가는지, 이 책을 보면 알 수 있어요.

여러분이 식물에 더 많은 관심을 기울여 주었으면 해요. 이 땅에서 우리 사람들만 살아가는 것이 아니라 식물과 동물이 모두 함께 살아가야 건강한 지구를 만들 수 있기 때문이에요.

우리를 향해 방긋 웃어주는 꽃들에게 조금만 관심을 기울이면 비슷하게만 보이던 꽃들의 얼굴을 더 잘 구분하고 표정을 더 잘 알아볼 수 있게 될 거예요.

이 책을 읽는 여러분은 자연을 더욱 아끼고 사랑하는 사람이 되었으면 좋겠어요.

저자 일동

차례

- 책을 펴내며 • 4
- 식물 알아보기 • 8

01 꽃이 비슷해요

양지꽃과 뱀딸기 • 20
민들레와 서양민들레 • 24
엉겅퀴와 지칭개 • 28
메꽃과 나팔꽃 • 32
꽃층층이꽃과 탑꽃 • 36
쥐손이풀과 이질풀 • 40
구절초와 쑥부쟁이 • 44
개미취와 벌개미취 • 48
산국과 감국 • 52
제비꽃과 종지나물 • 56

【 더 알아봐요 】
강남 갔던 제비가 돌아올 때 피는 제비꽃 • 60

02 잎이 비슷해요

돌나물과 쇠비름 · 66
자리공과 미국자리공 · 70
붓꽃과 꽃창포 · 74
연꽃과 수련 · 78
가시연꽃과 빅토리아연꽃 · 82
참취와 수리취 · 86
현호색과 자주괴불주머니 · 90

【 더 알아봐요 】
　봄날 날렵하게 피는 현호색 · 94

03 서로 비슷해요

흰괭이눈과 괭이밥 · 98
토끼풀과 자운영 · 102
상사화와 석산 · 106
도라지와 더덕 · 110
나도바람꽃과 너도바람꽃 · 114

【 더 알아봐요 】
　바람 부는 언덕에 피는 바람꽃 · 118

■ 찾아보기 · 120

식물 알아보기

1. 식물이란?

　식물은 햇빛, 물, 이산화탄소 등의 무기물을 이용하여 생태계에서 살아가는 데 필요한 유기물 양분을 스스로 만들어요.

　식물이란 엽록소를 가지고 있으면서 광합성작용을 하여 양분을 만들어내고 씨앗이나 홀씨로 번식하는 생물 종류예요. 일생 동안 계속 성장할 수 있지만 대체로 활동력이 약한 편이지요. 동물에 비하여 몸체의 구조가 비교적 간단하고 신경과 감각이 없어요. 또 동물과 다르게, 세포막 바깥쪽에는 단단한 세포벽이 있어요. 세균식물이나 균류는 엽록소가 없어서 식물에 기생하거나 부생(腐生: 식물이 생물의 사체나 배설물 따위에서 양분을 얻어 사는 일)하며 양분을 얻어요.

　식물의 체제가 발달한 순서로 보면, 세균류, 조류, 균류, 선태식물, 양치식물, 꽃식물(종자식물) 등으로 나뉘어요. 식물체는 크게 영양기관과 생식기관으로 구분할 수 있어요. 고등식물인 꽃식물과 양치식물의 영양기관은 세 기관으로 나뉘는데, 땅 위로 뻗는 줄기, 광합성을 하는 잎, 양분을 흡수하고 식물체를 지탱하는 뿌리로 이루어져 있어요. 생식기관은 꽃과 열매를 말하며, 이를 통해 자손을 번식시켜요.

2. 식물의 구조

(1) 잎

　식물의 영양기관 중 하나로, 줄기 끝이나 둘레에 붙어 있어요. 식물이 살아가는 데 꼭 필요한 광합성작용과 호흡작용 및 증산작용을 하는, 아주 중요한 기관이에요. 빛깔은 대개 녹색이고, 생김새는 넓적하거나 길쭉하기도 하며, 털이 있는 것도 있지요. 잎몸, 잎자루, 턱잎으로 이루어져 있어요.

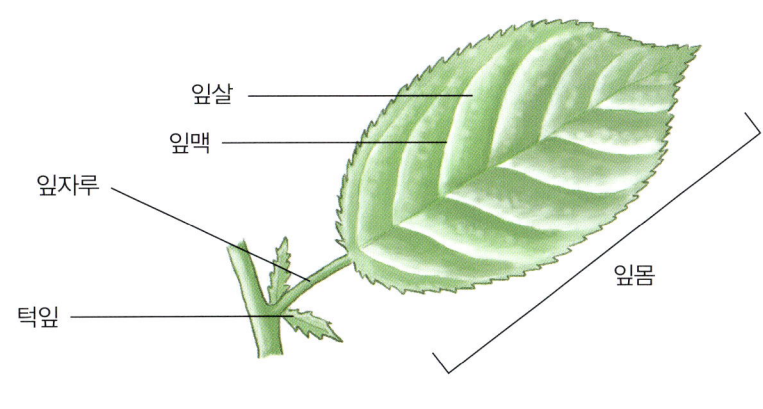

【 잎의 구조 】

　잎몸 잎을 이루는 넓은 부분을 말하는데, 다른 말로 '엽신'이라고도 해요. 잎의 가장 중요한 부분이고, 잎살과 잎맥으로 이루어져 있어요. 잎살은 잎의 겉껍질(표피) 안쪽에 있는 녹색의 두꺼운 부분으로, 잎에서 잎맥을 제외한 나머지 부분을 말해요. 엽록체를 품은 부드러운 세포로 되어 있어, 호흡과 배출 기능을 하지요. 잎맥은 잎살 안에 흩어져 있는 관다발(양분의 통로인 체관과 물의 통로인 물관으로 이루어져 있는 기관)과 그것을 둘러싼 부분을 말하는데, 잎살을 튼튼하게 지탱해주고 물과 양분의 통로가 돼요. 그물맥과 나란히맥 두 가지가 있어요.

　잎자루 잎몸을 줄기나 가지에 붙어 있게 하는 꼭지 부분이에요. 잎을 햇빛이 많이 드는 방향으로 향하게 해요.

　턱잎 잎자루 밑에 붙은 한 쌍의 작은잎이에요. 눈이나 어린잎을 보호하는 역할을 해요. 흔히 쌍떡잎식물에서 볼 수 있어요.

잎의 모양 식물의 종류에 따라 잎의 모양이 다양해요. 박태기나무의 잎 같은 심장 모양도 있고, 연잎이나 꼭지연잎꿩의다리 잎처럼 둥근 모양도 있고, 소나무 잎 같은 바늘 모양도 있어요.

【 여러 가지 잎의 모양 】

(2) 꽃

식물의 번식을 담당하는 기관으로, 꽃잎, 꽃받침, 암술, 수술로 이루어져 있어요. 이들을 모두 가지고 있는지 여부에 따라 갖춘꽃과 안갖춘꽃으로 구분돼요. 암술과 수술은 꽃가루받이를 하여 열매를 맺고 열매 속의 씨앗이 익어 땅에 떨어지면 새싹이 돋지요.

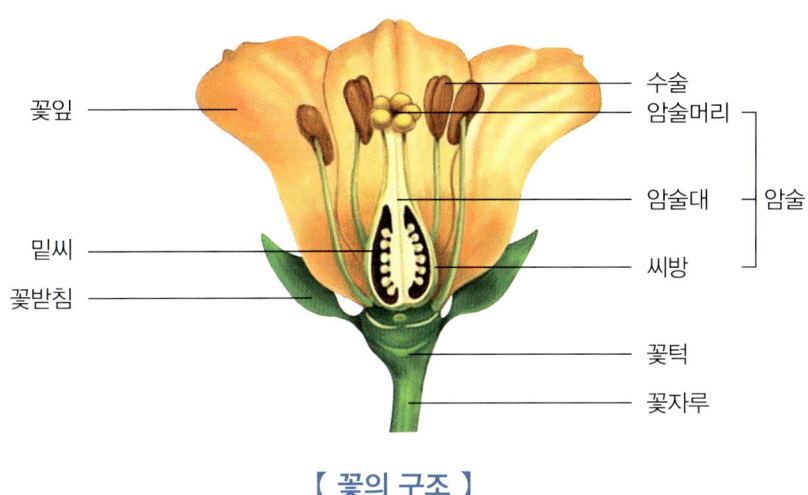

【 꽃의 구조 】

암술 꽃의 중심부에 있는 생식기관이에요. 꽃을 구성하는 중요한 부분으로 암술머리, 암술대, 씨방으로 이루어져 있어요.

수술 암술을 에워싸고 있는 생식기관이에요. 수술대와 꽃밥으로 되어 있어요.

꽃잎 꽃을 이루고 있는 낱낱의 조각 잎이에요. 아름다운 모양과 빛깔을 갖추고 향기를 내어 벌과 나비를 불러 모아요.

꽃받침 꽃의 가장 바깥쪽에서 꽃잎을 받치고 있는 꽃을 보호하는 기관이에요. 대부분 녹색이나 갈색이지만, 더러는 꽃잎처럼 화려한 것도 있어요.

갖춘꽃 한 꽃 속에 꽃잎, 꽃받침, 암술, 수술을 모두 갖추고 있는 꽃이에요.
　　예 참나리, 살구나무, 벚나무, 복사나무 등

안갖춘꽃 꽃잎, 꽃받침, 암술, 수술 중 하나라도 갖추지 못한 꽃을 말해요.
　　예 튤립, 보리, 벼, 호박 등

꽃차례 꽃이 줄기나 가지에 붙어 피는 모습도 여러 가지예요. 대부분의 식물에서는 1개의 꽃대에 여러 송이의 꽃이 달리는데, 이들은 각기 일정한 순서와 모양을 가지고 있어서 식물의 종류에 따라 다르게 나타나요.

【 여러 가지 꽃차례 】

단정꽃차례 꽃대의 꼭대기에 단 한 개의 꽃이 붙는 꽃차례

총상꽃차례(술모양꽃차례) 긴 꽃대에 꽃자루가 있는 여러 개의 꽃이 어긋나게 붙어서 밑에서부터 피기 시작하여 끝까지 피는 꽃차례

수상꽃차례(이삭꽃차례) 한 개의 긴 꽃대 둘레에 여러 개의 꽃이 이삭 모양으로 피는 꽃차례

산형꽃차례(우산꽃차례) 꽃대의 끝에서 많은 가지가 부챗살처럼 뻗어 나와서 끝마디에 꽃이 하나씩 붙는 꽃차례

산방꽃차례(고른우산꽃차례) 총상꽃차례와 산형꽃차례의 중간형으로, 꽃가지가 아래에서 위로 차례대로 달리지만 아래의 꽃가지 길이가 길어서 아래쪽에서 평평하고 가지런하게 피는 꽃차례

육수꽃차례(살이삭꽃차례) 수상꽃차례와 비슷하나 꽃대의 주위에 꽃자루가 없는 수많은 잔꽃이 모여 피는 꽃차례

원추꽃차례(원뿔모양꽃차례) 꽃차례의 축이 여러 번 갈라져, 마지막으로 갈라진 가지가 총상꽃차례가 되고 전체가 원뿔 모양을 이루는 꽃차례

권산꽃차례 꽃줄기 끝에 한 개의 꽃이 먼저 피고 그 아래에 다시 하나의 꽃자루가 나와 꽃이 피고 또다시 그 아래에 먼저의 꽃자루와 같은 쪽으로 다른 꽃자루가 생겨 꽃이 피는 것을 되풀이하여 나중에는 꽃줄기가 꼬부라지는 꽃차례

겹산형꽃차례(겹우산모양꽃차례) 산형꽃차례의 꽃대 끝에 다시 부챗살 모양으로 갈라져 피는 꽃차례

두상꽃차례(머리모양꽃차례) 여러 송이의 꽃이 꽃대 끝에 모여 머리 모양을 이루어 한 송이의 꽃처럼 보이는 꽃차례

(3) 열매

식물이 꽃가루받이를 한 후에 씨방이나 꽃턱, 꽃받침이 변해서 된 것이에요. 열매는 양분을 포함하고 있어서 초식동물들의 중요한 먹이가 돼요. 열매 속에는 씨앗이 들어 있는데, 씨앗은 땅에 떨어져 싹을 틔우거나 바람, 동물에 의해 멀리 퍼져서 싹을 틔우고 자라서 같은 종의 식물을 번식시키는 중요한 역할을 해요.

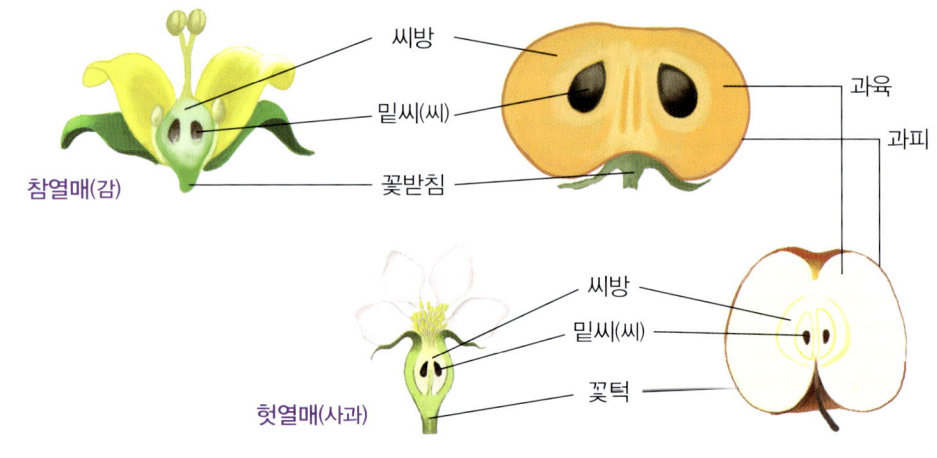

【 참열매와 헛열매 】

참열매 씨방이 자라서 된 열매예요.
  예 호박, 오이, 복사나무, 가지, 수박, 토마토, 포도, 감, 콩, 완두 등

헛열매 꽃턱, 꽃받침 등 씨방 이외의 부분이 자라서 된 열매예요.
  예 사과나무, 배나무, 딸기, 석류나무, 파인애플 등

(4) 줄기

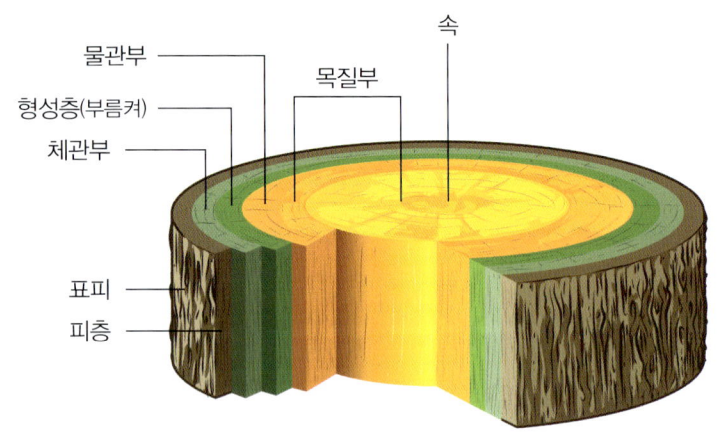

【 줄기의 구조 】

식물의 영양기관 중 하나로, 식물체를 튼튼하게 받쳐 바람이나 다른 외부 요인에 의해 쓰러지는 것을 막아줘요. 또 뿌리에서 흡수한 물과 잎에서 만든 양분을 관다발을 통해 식물체 각 부분으로 운반하는 역할도 해요. 줄기는 표피, 관다발, 속으로 이루어져 있어요.

표피 줄기를 감싸고 있는 겉껍질이에요. 식물체 내부를 보호하고 수분의 증발을 막아줘요.

관다발 겉씨식물과 쌍떡잎식물에 있는 조직이에요. 뿌리, 줄기, 잎 속에 있으며, 물의 이동 통로인 물관과 양분의 이동 통로인 체관으로 이루어져 있어요. 물관과 체관 사이에 있는 형성층(부름켜)은 줄기나 뿌리가 굵어지는 부피 생장을 담당해요.

속 줄기의 중심부에 있는, 관다발에 싸여 있는 조직이에요. 연하고 물렁물렁한 것이 특징이에요.

줄기의 종류 식물의 종류에 따라 형태가 다양해요. 대부분 줄기는 위로 뻗으면서 곧게 자라지만, 환경에 따라 특이하게 변한 줄기도 있어요. 동자꽃의 보통줄기, 나팔꽃의 감는줄기, 고구마의 기는줄기, 감자의 덩이줄기, 포도와 머루의 덩굴손, 탱자나무의 가시, 대나무의 땅속줄기, 선인장의 잎줄기, 천남성의 알줄기, 참나리의 비늘줄기, 칸나의 뿌리줄기 등은 환경에 적응하며 변화된 것들이에요.

【 여러 가지 형태의 줄기 】

(5) 뿌리

　식물의 영양기관 중 하나로, 식물체의 밑부분에 있는 기관이에요. 대부분의 식물은 뿌리를 땅속에 묻어 양분을 빨아올리고 식물체가 쓰러지지 않도록 지탱해요. 또 다른 식물이나 물체에 뿌리를 내리고 살아가는 식물도 있어요. 잎에서 광합성으로 만든 양분을 줄기가 운반하면, 뿌리에서 그 양분을 저장하기도 해요. 뿌리는 표피로 둘러싸여 있고, 이 표피세포의 일부가 밖으로 길게 자란 것이 뿌리털이에요. 뿌리는 뿌리털을 통해서 땅속의 물과 무기양분을 빨아들여요. 표피 안쪽에는 뿌리에서 빨아들인 물과 무기양분이 올라가는 통로인 물관과 잎에서 광합성으로 만든 유기양분이 내려오는 통로인 체관이 있어요. 뿌리의 생장은 뿌리 끝에 있는 '생장점'이라는 기관에서 이루어지는데, 이 생장점은 뿌리골무라는 죽은 세포로 둘러싸여 보호받고 있어요.

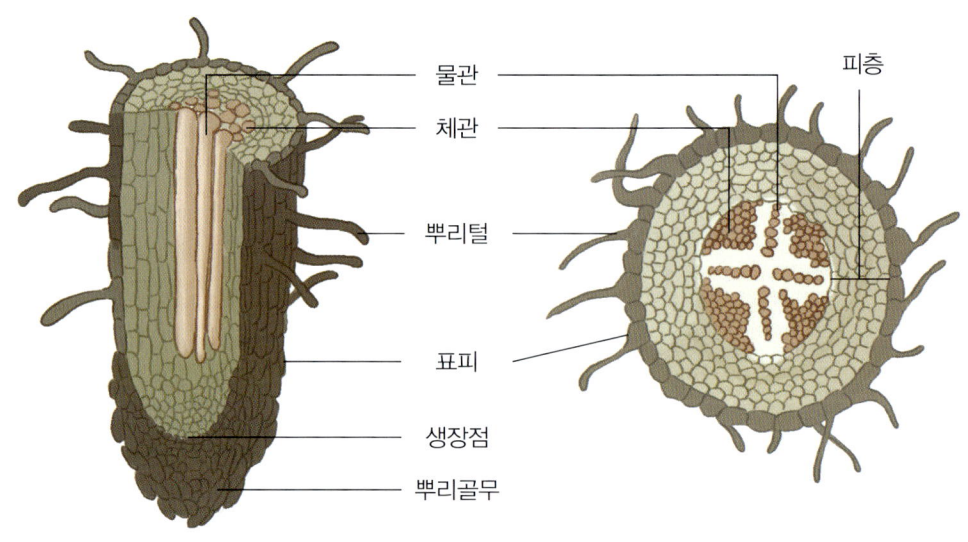

【 **뿌리의 구조** 】

뿌리의 종류 쌍떡잎식물과 외떡잎식물의 뿌리는 각각 달라요.

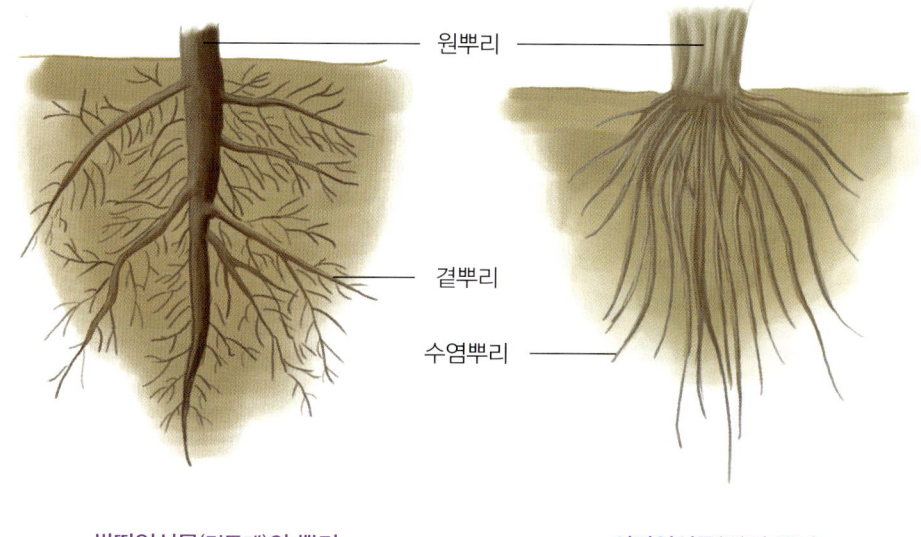

쌍떡잎식물(민들레)의 뿌리　　　　외떡잎식물(벼)의 뿌리

【 뿌리의 형태 】

쌍떡잎식물 가운데에 굵고 곧은 원뿌리가 있고 그 주위에 가는 곁뿌리가 갈라져 나와요.
　예 민들레, 호박, 명아주, 복사나무, 무궁화, 살구나무, 밤나무 등

외떡잎식물 원뿌리와 곁뿌리의 구별 없이 굵기가 비슷한 여러 개의 수염뿌리가 한곳에서 많이 뻗어 나와요.
　예 벼, 보리, 밀, 옥수수, 강아지풀, 백합, 닭의장풀, 붓꽃 등

벌개미취

엉겅퀴

뱀딸기

개미취

이질풀

양지꽃

01

꽃이 비슷해요

양지꽃과 뱀딸기
민들레와 서양민들레
엉겅퀴와 지칭개
메꽃과 나팔꽃
꽃층층이꽃과 탑꽃
쥐손이풀과 이질풀
구절초와 쑥부쟁이
개미취와 벌개미취
산국과 감국
제비꽃과 종지나물

더 알아봐요!
강남 갔던 제비가 돌아올 때
피는 제비꽃

양지꽃과 뱀딸기

봄이 되어 산길을 걷다 보면 햇빛이 비치는 곳에서 노란 꽃이 여러 송이 달린 양지꽃이 앙증맞게 피어 눈에 띄어요. 양지꽃 주변을 살펴보면 꽃의 생김새가 비슷한 다른 식물을 볼 수 있어요. 잎도 꽃도 양지꽃과 아주 비슷한 이 식물은 뱀딸기라고 해요. 뱀딸기는 뱀이 다니는 길에서 자주 보인다고 해서 붙은 이름이래요. 초여름에 붉게 익은 열매를 따서 먹어 보면 달지도 않고 새콤하지도 않은 밍밍한 맛이 나요. 이 무렵이면 뱀딸기를 확실하게 구분할 수 있겠지요. 그러면 뱀딸기 열매가 열리기 전에는 어떻게 구별할까요?

양지꽃

양지꽃과 뱀딸기는 이렇게 달라요.

	양지꽃	뱀딸기
과명	장미과	장미과
분류	여러해살이풀	여러해살이풀
크기	30~50cm	기는줄기 길이가 40~60cm
자라는 곳	산기슭이나 풀밭의 양지	들녘, 논밭 주변
꽃 피는 시기	4~6월	4~6월
꽃말	사랑스러움	허영심
이용	어린순은 나물로 먹고 전초는 약용해요.	열매는 식용하고 전초는 약용해요.
특징	꽃받침이 꽃잎의 절반 크기예요.	꽃받침과 꽃잎의 크기가 같아요.

뱀딸기

더 비교해 보아요

꽃

양지꽃

뱀딸기

꽃잎이 5개이며, 꽃받침의 크기가 꽃잎의 절반쯤 돼요. 줄기 끝에 1개의 꽃이 피고 주위 가지 끝에서 다시 꽃이 피어요.

꽃잎과 꽃받침의 크기가 비슷해요. 꽃받침 끝부분이 갈라져 있어요.

잎

양지꽃

뱀딸기

작은잎 3~13개로 이루어졌고 가장자리에는 톱니가 있어요.

3개의 작은잎으로 이루어졌고 가장자리에 톱니가 있어요.

뱀딸기는 식용보다는 약용

뱀딸기 열매는 달지도 않고 새콤하지도 않아요. 그렇지만 예전부터 약재로 많이 사용되고 효능도 훌륭해요. 열매와 뿌리줄기를 달여 먹으면 열을 내리고 기침을 가라앉힌대요. 어린순은 비타민과 미네랄이 풍부해서 녹즙으로 만들어 먹어요. 열매를 짓찧어 즙을 낸 것은 치질 약으로 쓰며, 뱀이나 벌레에 물렸을 때에도 바른다고 해요.

줄기

양지꽃
붉은색이며 하나의 꽃대에서 다시 여러 개의 꽃대가 갈라져요.

뱀딸기
기는줄기이며 줄기 하나에 1개의 꽃대가 나와요.

열매

양지꽃
익어도 터지지 않는 열매로, 달걀 모양이며 주름이 약간 있어요.

뱀딸기
딸기와 같은 익어든 터지지 않는 열매로, 둥글고 지름이 1cm 정도예요.

양지꽃 과 같은 종류에는 이런 식물도 있어요.

돌양지꽃 | 높은 산 바위틈이나 그 위에서 자라요.

물양지꽃 | 높은 산 습기가 많은 곳에서 자라고 키는 30~100cm 정도로 큰 편이에요.

민들레와 서양민들레

민들레는 봄의 시작을 알리는 꽃이에요. 산이나 강가의 습기가 약간 있으면서 따뜻한 곳에서 피어나요. 서양민들레는 이른 봄부터 우리 주변 여기저기에서 노란 꽃을 피워요. 우리가 주변에서 흔히 보는 민들레는 바로 서양민들레예요. 주로 봄에 꽃이 피지만 날씨가 따뜻한 가을에도 이따금 꽃을 피워요. 서양민들레는 장소를 가리지 않고 꽃을 피우고 씨앗을 날려서 토종 민들레가 차지하던 영역을 다 빼앗았어요. 환경이 변하면서 우리 토종 민들레는 서양민들레에게 그 자리를 넘겨주고 사람들이 많이 찾지 않는 곳으로 옮겨갔지요. 겉으로 보면 토종 민들레인지 서양민들레인지 잘 알아보기 힘든데, 민들레와 서양민들레는 어떻게 구별할 수 있을까요?

민들레

 ## 민들레와 서양민들레는 이렇게 달라요.

	민들레	서양민들레
과명	국화과	국화과
분류	여러해살이풀	여러해살이풀
크기	10~30cm	10~30cm
자라는 곳	양지바른 초원, 들판 등	도시 주변, 농촌의 길가와 빈터
꽃 피는 시기	4~5월	3~9월
꽃말	감사하는 마음	사랑의 비애
이용	어린순은 나물로 먹거나 김치를 담그고, 전초는 약용해요.	유럽에서 잎을 샐러드로 먹어요.
특징	꽃받침이 꼿꼿해요.	꽃받침이 뒤로 젖혀져요.

서양민들레

더 비교해 보아요

꽃

민들레
봄에 꽃이 피어요. 빛깔은 노란색과 흰색이 있고, 지름은 3~7cm예요.

서양민들레
봄은 물론 가을에도 꽃이 피어요. 꽃의 빛깔은 노란색이고 지름은 2~5cm예요.

꽃받침

민들레
꼿꼿하게 서요.

서양민들레
아래로 처져 있어요.

민들레의 전설

노아의 홍수 때 물이 차오르자 모두 도망을 갔지만, 민들레는 발이 빠지지 않아 그대로 있다가 두려움에 머리가 하얗게 세고 말았어요. 민들레는 마지막으로 하나님께 살려 달라고 기도를 했어요. 이를 가엾게 여긴 하나님은 민들레의 씨앗을 바람에 멀리 날려 산 중턱 양지바른 곳에서 피어나게 해주었어요. 민들레의 꽃이 하늘을 향하는 것은 하나님의 은혜에 감사하는 의미라고 해요.

민들레 — 잎이 갈라진 부분이 날카롭지 않은 편이에요.

서양민들레 — 잎이 갈라진 부분이 매우 날카로워요.

민들레 — 주로 곤충이 꽃가루를 옮겨줘요.

서양민들레 — 바람에 의해 꽃가루받이를 해요.

민들레 와 같은 종류에는 이런 식물도 있어요.

좀민들레 | 한라산 같은 높은 곳에서 자라요. 민들레보다 꽃이 작고 키도 작아요.

흰민들레 | 꽃이 흰색이고 꽃받침이 위로 치켜 올라 있어요. 흰민들레는 우리 토종 식물이에요.

흰노랑민들레 | 주변에서 드물게 볼 수 있어요. 꽃의 빛깔이 민들레보다는 연하고 흰민들레보다는 진해서 붙여진 이름이에요.

엉겅퀴와 지칭개

엉겅퀴는 이른 봄에 산과 들에서 뾰족한 가시를 잎에 달고 어린 새싹이 올라와요. 여름에는 줄기 끝에서 자주색 꽃을 피우지요. 잎이 자라면서 가시는 더욱 단단해지고 잘못 만지면 찔려서 피가 날 수도 있어요. 엉겅퀴는 약재로 쓰면 피가 잘 엉긴다고 해서 붙여진 이름이에요. 또 열매를 맺을 무렵이면 흐트러져 엉긴 털이 서로 쥐어찌는 것처럼 보여서 엉겅퀴라고 한다는 이야기도 있어요. 이 엉겅퀴와 생김새가 아주 비슷한 지칭개라는 식물이 있어요. 지칭개도 우리 주변에서 흔히 자라고 꽃이 자줏빛인데, 엉겅퀴와 달리 잎에는 가시가 없어요. 두 식물은 과연 어떻게 구별할까요?

엉겅퀴

엉겅퀴와 지칭개는 이렇게 달라요.

	엉겅퀴	지칭개
과명	국화과	국화과
분류	여러해살이풀	두해살이풀
크기	50~100cm	60~80cm
자라는 곳	물 빠짐이 좋은 양지	밭, 농촌의 길가와 빈터
꽃 피는 시기	6~8월	5~7월
꽃말	엄격	고독한 사랑
이용	어린순은 나물로 먹고 뿌리는 약용해요.	어린순은 나물로 먹고 전초는 약용해요.
특징	가시가 날카로워 손을 찌를 수도 있어요.	가시가 손에 찔릴 정도는 아니에요.

지칭개

더 비교해 보아요

꽃

엉겅퀴

지칭개

자주색 또는 붉은색이나 흰색도 있어요. 원줄기 끝과 가지 끝에 1개씩 달려요.

흰색 털이 덮인 자주색으로 피어요.

잎

엉겅퀴

지칭개

깃 모양으로 갈라져요. 가장자리가 다시 갈라지고 톱니와 가시가 있어요.

윗부분에 거미줄 같은 털이 있고, 가장자리에는 치아 모양의 톱니와 흰색 털이 있어요.

엉겅퀴가 스코틀랜드 국화가 된 이유는?

옛날 스코틀랜드에 덴마크 군대가 쳐들어왔는데, 덴마크 병사가 맨발로 조심조심 스코틀랜드의 군대를 염탐하러 가다가 엉겅퀴의 가시를 밟는 바람에 소리를 질러서 스코틀랜드 군사들에게 잡혔어요. 그 덕분에 스코틀랜드는 덴마크의 침략을 막아낼 수 있었고, 이후에 엉겅퀴를 나라를 구한 꽃이라고 해서 스코틀랜드의 국화로 정했어요.

엉겅퀴

전체에 흰 털과 더불어 거미줄 같은 털이 나며 가시가 많아요.

지칭개

아래로 처져 있어요. 가시가 엉겅퀴에 비해 작아요.

엉겅퀴

납작한 타원형으로, 길이는 0.4cm예요.

지칭개

타원형 또는 달걀 모양으로 길이는 0.3cm 정도이며, 털이 없어요.

엉겅퀴 와 같은 종류에는 이런 식물도 있어요.

흰엉겅퀴 | 엉겅퀴와 비슷하지만 꽃의 빛깔이 흰색이에요.

도깨비엉겅퀴 | 꽃이 위를 향하지 않고 옆을 보고 있는 것이 특징이에요. 높은 산에만 있어요.

지느러미엉겅퀴 | 외국에서 들어왔어요. 줄기에 가시가 많아요.

메꽃과 나팔꽃

메꽃은 우리 주변에서 흔히 볼 수 있는 덩굴식물이에요. 뿌리가 굵고 잘 뻗어나가는 특징이 있어 예전에는 식량이 귀하던 봄에 이 뿌리를 캐서 주린 배를 채우곤 했대요. 연한 홍색 꽃이 피면 꽃잎이 앞으로 쭉 나오면서 나팔 모양으로 펼쳐져요. 원예종의 하나인 나팔꽃과 아주 비슷하지요. 나팔꽃은 우리 주변에서 흔하게 볼 수 있어 토종 식물인 것 같지만, 사실은 인도 원산의 외래종이고 화단에 심는 원예종으로 많이 개량되었어요. 두 식물은 꽃의 생김새가 닮았고 줄기가 덩굴성인 것도 같지만 서로 다른 점도 많아요. 메꽃은 여러해살이풀이지만 나팔꽃은 한해살이풀이라는 것이 가장 큰 차이점이에요. 이 밖에도 어떤 점이 다른지 자세히 살펴보세요.

메꽃

 ## 메꽃과 나팔꽃은 이렇게 달라요.

	메꽃	나팔꽃
과명	메꽃과	메꽃과
분류	여러해살이풀	한해살이풀
크기	덩굴줄기 길이가 50~100cm	덩굴줄기 길이가 3m
자라는 곳	들	길가나 빈터
꽃 피는 시기	6~8월	7~8월
꽃말	충성, 수줍음	허무한 사랑
이용	어린잎은 식용, 약용해요.	약용해요.
특징	다른 식물과 같이 심는 것을 피해요.	인도 원산의 귀화식물이에요.

나팔꽃

더 비교해 보아요

꽃

메꽃
연한 홍색으로, 해가 있는 동안 피어요.

나팔꽃
빛깔이 흰색, 붉은색, 보라색 등 여러 가지예요. 오전에 피었다가 정오가 지나면 오므라들어요.

잎

메꽃
길쭉하게 둥근 모양이고 앞부분은 뾰족해요.

나팔꽃
심장 모양이며 보통 3갈래로 갈라져요.

열매

메꽃
열매를 잘 맺지 못하여 보통 땅속 줄기로 번식해요.

나팔꽃
열매를 맺어 씨앗으로 번식해요.

메꽃 | 나팔꽃 과 같은 종류에는 이런 식물도 있어요.

갯메꽃 | 바닷가 모래밭에서 자라요. 잎은 어긋나고 심장 모양이며 잎자루가 길어요.

큰메꽃 | 경기도 이북에서 자라요. 잎의 길이보다 긴 꽃대가 나와 그 끝에 1개의 꽃이 달려요.

애기메꽃 | 메꽃과 비슷하지만 꽃이 작고 꽃자루 윗부분에 주름진 좁은 날개가 있어요.

애기나팔꽃 | 북아메리카 원산의 귀화식물로 꽃은 7~10월에 흰색 또는 연분홍색으로 피어요.

고구마도 나팔꽃과 한식구

고구마는 나팔꽃과 전혀 관련이 없어 보이지만, 둘 다 메꽃과에 속하는 식물로 특히 꽃이 닮았어요. 고구마는 콜럼버스의 신대륙 발견 이후 라틴아메리카에서 스페인에 전해졌고, 이후 전 세계로 전파되어 중요한 식량자원이 되었지요. 주로 뿌리를 먹지만 줄기와 잎도 나물로 먹을 수 있어요. 봄에 고구마를 싹 틔운 후 싹이 난 부분을 잘라 심으면 뿌리가 생겨 자라요.

꽃층층이꽃과 탑꽃

생김새가 닮아서 구분하기 어려운 식물이 많이 있어요. 그중에서도 모습이나 사는 곳 등이 아주 비슷한 식물이 있지요. 꽃층층이꽃과 탑꽃은 식물의 생김새가 비슷하고 꽃이 아래에서부터 위로 올라가며 핀다는 공통점이 있어요. 꽃층층이꽃은 꽃이 줄기를 중심으로 한 층 한 층 올라가며 마치 아파트처럼 층층이 달리는 식물이고, 탑꽃도 꽃이 몇 개의 층을 이루며 달리는 식물이에요. 둘 다 줄기도 네모져서 언뜻 보면 구분하기 어렵지만, 꽃층층이꽃은 한 층에 여러 송이가 빽빽하게 달리는 반면, 탑꽃은 듬성듬성 달리는 편이에요. 꽃층층이꽃과 탑꽃을 더 비교해 볼까요?

꽃층층이꽃

 ## 꽃층층이꽃과 탑꽃은 이렇게 달라요.

	꽃층층이꽃	탑꽃
과명	꿀풀과	꿀풀과
분류	여러해살이풀	여러해살이풀
크기	15~40cm	10~30cm
자라는 곳	산과 들의 양지	양지 또는 반그늘의 풀숲
꽃 피는 시기	7~8월	6~8월
꽃말	제비둥지	균형
이용	어린순은 나물로 먹고 뿌리는 약용해요.	식용, 약용, 밀원식물이에요.
특징	꽃받침이 붉은색을 띠어요.	꽃받침이 녹색이에요.

탑꽃

더 비교해 보아요

꽃

꽃층층이꽃
분홍빛으로 층층이 피어요.

탑꽃
원줄기 끝과 윗부분의 잎겨드랑이에 여러 개가 모여 달려요.

잎

꽃층층이꽃
달걀 모양으로 길며 가장자리에는 톱니가 있어요.

탑꽃
달걀 모양으로 끝이 뾰족하고 밑부분이 둥글어요.

층층나무는 어떤 나무?

나무 중에도 꽃이 층층으로 피는 층층나무가 있어요. 층층나무는 층층이꽃과 이름이 비슷하지만 전혀 다른 식물이에요. 층층나무는 키가 2~10m에 이르는 큰키나무이며, 하얗고 작은 꽃들이 뭉쳐 피어 지름 5~12cm 정도의 꽃무리를 이루어요. 꿀이 많고 향기가 좋아 밀원식물로 이용되고 있어요.

꽃층층이꽃

원줄기는 네모지고 곧게 서며 전체에 털이 나 있어요.

탑꽃

원줄기가 네모지고 비스듬히 서며 가지가 갈라져요.

꽃층층이꽃

익어도 터지지 않는 열매로, 둥글고 약간 편평해요.

탑꽃

여러 개의 씨방으로 이루어져 있으며, 둥글고 길이는 0.1cm 정도예요.

꽃층층이꽃 | 탑꽃 과 같은 종류에는 이런 식물도 있어요.

두메층층이 | 깊은 산에서 자라고, 꽃이 위로 올라가며 달려요.

두메탑꽃 | 높은 산에서 자란다고 하여 이름에 '두메'가 붙었어요. 한해살이풀이에요.

쥐손이풀과 이질풀

우리 선조들은 식물의 이름을 짓는 데 탁월한 능력을 지녔어요. 보통 어디에 사는지, 꽃은 어떻게 생겼는지, 쓰임이 어떠한지에 따라 이름을 지었는데, 이렇게 이름을 지으려면 그 식물에 대해 모든 것을 알아야 해요. 그중 무더위가 한창인 여름에 산과 들의 양지바른 곳에서 자라는 쥐손이풀과 이질풀이 있어요. 둘 다 연한 홍색이나 홍자색의 작은 꽃이 피어요. 쥐손이풀은 열매자루의 생김새가 쥐의 손과 비슷하다고 해서 붙여진 이름이고, 이질풀은 이질이라는 병을 치료할 때 쓰인다고 해서 붙여진 이름이에요. 꽃은 물론 잎의 생김새도 비슷해서 둘을 구별하기가 쉽지 않지만, 뿌리를 캐서 보면 쉽게 구분이 돼요. 쥐손이풀은 곧은뿌리가 있는 반면, 이질풀은 잔뿌리로 이루어져 있어요.

쥐손이풀

쥐손이풀과 이질풀은 이렇게 달라요.

	쥐손이풀	이질풀
과명	쥐손이풀과	쥐손이풀과
분류	여러해살이풀	여러해살이풀
크기	30~80cm	50cm
자라는 곳	산지 숲 가장자리, 풀밭, 산기슭 등	산과 들
꽃 피는 시기	6~8월	8~9월
꽃말	끊임없는 사랑	새색시
이용	약용해요.	이질과 설사 등에 약용해요.
특징	꽃잎에 줄이 3개 있어요.	꽃잎에 줄이 5개 있어요.

이질풀

더 비교해 보아요

쥐손이풀

이질풀

긴 꽃줄기 끝에 1개씩 달리며, 꽃잎에 줄이 3개 있어요.

잎겨드랑이에서 나온 꽃줄기에서 2개의 작은 꽃줄기가 갈라져 각각 1개의 꽃이 달려요. 꽃잎에 줄이 5개 있어요.

쥐손이풀

이질풀

손바닥 모양으로 3~5개로 갈라지며 표면에는 털이 있어요.

3~5개로 갈라지며 흔히 검은 무늬가 있어요.

수천 년 전에도 설사약으로 사용된 쥐손이풀

이질풀은 이질, 즉 설사가 났을 때 잎과 뿌리 등을 달여 마시면 낫는다고 해서 붙여진 이름이에요. 쥐손이풀 역시 이질풀 못지않게 오래전부터 설사약으로 이용되어 왔어요. 2004년 충청남도 부여군 은산면 가중리의 원삼국시대 집터 바닥에서 여러 가지 곡물들이 발견되었는데, 그중 쥐손이풀 씨앗 여러 개가 확인되었어요.

 줄기

쥐손이풀
비스듬히 자라고 아래로 향한 털이 있어요.

이질풀
비스듬히 자라고 옆으로 향한 털이 있어요.

쥐손이풀 | 이질풀 과 같은 종류에는 이런 식물도 있어요.

유럽쥐손이풀 | 유럽에서 들어와 생태계를 많이 파괴하는 식물이에요.

선이질풀 | 꽃이 서 있다고 해서 붙여진 이름이에요. 다른 이질풀에 비해 꽃이 큰 편이에요.

좀쥐손이풀 | 키와 꽃의 크기가 너무 작아서 이름에 '좀'이 붙었어요. 제주도에서 주로 살고 쉽게 볼 수 없어요.

둥근이질풀 | 높은 산에서 볼 수 있고 이질풀 가운데 꽃이 가장 큰 편이에요.

구절초와 쑥부쟁이

가을이 되면 흔히 들국화라 불리는 꽃들이 산과 들을 아름답게 수놓아요. 2005년부터는 전라북도 정읍에서 10월 초중순에 '구절초 축제'가 열리기도 하지요. 가을은 우리에게 많은 것을 안겨주는 결실의 계절이에요. 이 결실의 계절에 우리 주변에서 구절초와 쑥부쟁이라는 예쁜 이름을 가진 식물이 꽃을 피우기 시작해요. 구절초는 예로부터 음력 9월 9일에 꺾어 약으로 사용하면 좋다고 해서 붙여진 이름이에요. 쑥부쟁이는 불쟁이(대장장이)의 딸이 쑥을 캐러 갔다가 죽은 자리에 피어났다는 슬픈 전설을 간직한 꽃이에요. 쑥부쟁이와 구절초는 꽃이 피는 시기도 같고 생김새도 비슷해서 구별하기가 쉽지 않아요. 두 식물은 어떻게 구분할까요?

구절초

구절초와 쑥부쟁이는 이렇게 달라요.

	구절초	쑥부쟁이
과명	국화과	국화과
분류	여러해살이풀	여러해살이풀
크기	50cm	30~100cm
자라는 곳	산기슭 풀밭	길가와 논두렁, 밭두렁 등
꽃 피는 시기	9~11월	7~10월
꽃말	순수	그리움, 기다림
이용	어린순은 나물로 먹어요.	어린순과 뿌리는 식용, 약용해요.
특징	음력 9월 9일에 꺾는다고 해서 구절초라고 해요.	가을 들국화 종류 중 가장 먼저 꽃을 피워요.

쑥부쟁이

• 45 •

더 비교해 보아요

빛깔은 흰색이나 연한 분홍색이에요. 꽃잎 끝은 둥그스름해요.

흰색 바탕에 보랏빛을 띠고 있어요. 꽃잎이 구절초보다 길고 날씬해요.

줄기 끝에 꽃이 1송이씩 피어요.

여러 갈래로 갈라진 줄기 끝마다 꽃이 1개씩 달려 무리지어 핀 것처럼 보여요.

산 근처에 피어 쑥부쟁이보다 흔하지 않아요.

길가 등에 흔하게 피어요.

잎

구절초

물결 모양의 톱니가 쑥부쟁이보다 약해요. 윗부분 가장자리는 날개처럼 갈라져요.

쑥부쟁이

가장자리에 물결 모양의 굵은 톱니가 있어요.

구절초 와 같은 종류에는 이런 식물도 있어요.

가는잎구절초 | 구절초에 비해 잎이 가늘고 길어요. 구절초가 피어 있는 주변을 잘 살펴보면 이따금 눈에 띄어요.

남구절초 | 남쪽의 섬지방에서 주로 자란다고 해서 붙여진 이름이에요. 키는 작은 편이고 주로 바닷가 근처에서 살아요.

구절초의 전설

옛날에 꽃을 좋아하던 선녀가 지상으로 내려와서 착한 시인을 만나 함께 살고 있었어요. 선녀가 예쁘다는 소문을 들은 고을의 사또는 선녀를 빼앗으려고 남편을 잡아간 뒤 이상한 내기를 걸었어요. 처음의 시 짓기 내기에서 남편이 이겼고, 두 번째로 한 말 타기 내기 역시 남편이 이겼어요. 화가 난 사또는 선녀를 잡아 옥에 가두고 고문을 했어요. 선녀는 끝까지 절개를 지키다가 죽었고, 남편 역시 선녀를 따라 죽었어요. 그 이듬해 9월 시인과 선녀가 살던 집 주변에 꽃이 피어나니, 사람들은 9월에 피는 천상의 꽃이라며 구절초라고 불렀어요.

개미취와 벌개미취

개미취와 벌개미취는 구절초와 쑥부쟁이처럼 가을을 수놓는 들국화의 일종으로, 꽃의 생김새가 비슷하고 이름도 비슷해서 헷갈리기 쉬워요. 그렇지만 살아가는 환경은 전혀 다르지요. 개미취는 주로 깊은 산속의 습지에서 자라고, 벌개미취는 낮은 산과 높은 산의 양지바른 곳에 살아요. 생김새가 아주 비슷한 두 식물은 왜 이름이 다를까요? 바로 '벌'이란 단어에 주목해야 해요. 벌개미취에서 '벌'이란 넓게 펼쳐진 벌판을 뜻해요. 즉 식물 이름 앞에 '벌'이라는 말이 붙었다면, 그 식물은 벌판에 산다고 생각하면 되지요. 개미취는 꽃대에 나 있는 흰 털이 마치 개미들이 달라붙은 것 같다고 해서 붙여진 이름이래요. 그리고 벌개미취는 우리나라에서만 자라는 식물이에요. 두 식물을 자세히 비교해 보세요.

개미취

개미취와 벌개미취는 이렇게 달라요.

	개미취	벌개미취
과명	국화과	국화과
분류	여러해살이풀	여러해살이풀
크기	100~150cm	60~100cm
자라는 곳	산속 습지	산과 들
꽃 피는 시기	7~10월	6~10월
꽃말	기억, 추억, 먼 곳의 벗을 그리워하다	청초, 너를 잊지 않으리
이용	어린순은 나물로 먹고 전초는 약용해요.	어린순은 나물로 먹어요.
특징	꽃자루에 털이 빽빽하게 나 있어요.	전체적으로 개미취보다 작은 편이에요.

벌개미취

더 비교해 보아요

꽃

개미취

연한 자주색 또는 하늘색으로 피며, 지름은 2~3cm 정도예요.

벌개미취

연한 자주색과 연한 보라색으로 피며, 줄기나 가지의 끝에 1개씩 달려요.

잎

개미취

끝이 뾰족하고 가장자리에 날카로운 톱니가 있어요.

벌개미취

가늘고 길며 끝이 뾰족해요. 가장자리에 작은 톱니가 있어요.

들국화는 어떤 꽃일까?

들국화는 가을의 꽃으로 알려져 있듯이, 해마다 가을이 되면 산과 들에 가득 피어요. 그런데 식물도감을 보면 정작 들국화라는 항목은 없어요. 들국화란 특정 꽃 하나만을 말하는 것이 아니라 구절초와 쑥부쟁이, 개미취, 산국 등 국화과에 속하는 꽃들을 한꺼번에 부르는 이름이기 때문이에요.

개미취 뿌리줄기가 짧고 줄기가 곧게 서며, 위쪽에서 가지가 갈라져요. 짧은 털이 나 있어요.

벌개미취 옆으로 벋는 뿌리줄기에서 원줄기가 곧게 자라고, 홈과 줄이 있어요.

개미취 익어도 벌어지지 않는 열매로 10~11월에 맺히며, 길이 0.3cm 정도의 털이 있어요.

벌개미취 익어도 벌어지지 않는 열매로 11월에 맺히는데, 가늘고 약간 길며 털과 솜털이 없어요.

개미취 와 같은 종류에는 이런 식물도 있어요.

갯개미취 | 바닷물과 민물이 만나는 곳에서 자라요. 부산의 일부 지역에서만 볼 수 있는 귀한 식물이에요.

좀개미취 | 개미취에 비해 꽃이 작고 키도 작아요. 강원도의 일부 지역에서만 자라요.

산국과 감국

우리나라의 가을 산과 들판을 아름답게 장식하는 들국화 중 노란색 꽃이 피는 것으로는 산국과 감국이 있어요. 감국은 꽃의 크기가 큰 편이고 가지 하나에 꽃송이가 많이 달리지 않지만, 산국은 감국보다 꽃이 작고 가지 하나에 여러 송이가 달리지요. 꽃의 크기를 비교하면 두 식물을 구분할 수 있지만, 잎을 보면 너무 닮아서 구분하기가 힘들어요. 또 꽃잎을 씹어 보면 감국은 단맛이 나는 반면 산국은 쓴맛이 나요. 그래서 감국은 꽃을 따서 말려두었다가 차로 마시지만 산국은 쓴맛이 강해서 차로 잘 마시지 않아요. 둘 다 꽃에 꿀이 많아서 나비와 벌이 많이 모여드는 밀원식물로도 유명하지요. 너무도 비슷한 산국과 감국은 어떻게 구별할까요?

산국

더 비교해 보아요

가지 끝에 우산 모양으로 총총히 달려요. 꽃잎이 꽃판보다 짧고 지름은 1.5cm예요.

잔가지 끝에 한두 개씩 달려요. 꽃잎이 꽃판보다 길고 지름은 2.5cm예요.

긴 타원형이며 깃 모양으로 깊게 갈라져요. 연녹색을 띠어요.

긴 달걀 모양이며 보통 깃 모양으로 갈라지고 갈라진 조각은 긴 타원형이에요. 짙은 녹색을 띠어요.

곧게 서 있어요. 줄기의 빛깔은 녹색이에요.

대개 비스듬히 누워 있어요. 줄기는 검붉은빛이 돌아요.

가지

산국 — 줄기 중간부터 가지가 많이 나와요.

감국 — 줄기 아래쪽에서 가지를 쳐요.

들국화
종류에는 이런 식물도 있어요.

뇌향국화 | 석회암이 많은 강원도에서 자라고 마치 흰색 감국 같은 느낌이에요. '용뇌국화'라고도 해요.

키큰산국 | 산국은 노란색 꽃이 피는데 이 식물은 흰색 꽃이 피어요. 잎은 쑥부쟁이와 비슷하고 꽃은 구절초와 비슷해요. 자생지가 아주 적어 각별히 보호하고 있어요.

국화주에 얽힌 전설

옛날 중국의 현자 장방이 항경에게 9월 9일에 큰 재앙이 닥칠 것이니 산수유를 따서 주머니에 넣고 식구들을 데리고 산에 올라가 국화주를 마셔야 피할 수 있다고 일러주었어요. 항경이 그의 말을 따라 산에 올라가 국화주를 마시며 9월 9일까지 보낸 뒤 내려왔더니 가축이 모두 죽어 있었어요. 장방이 말하기를, 가축들이 사람들을 대신하여 화를 입은 것이며, 국화주를 먹지 않았다면 항경의 식구들 또한 모두 죽었을 것이라고 하였어요. 이후부터 매년 음력 9월 9일에는 국화주를 마시는 풍습이 생겼다고 해요.

제비꽃과 종지나물

제비꽃을 '봄의 전령사'라고 해요. 눈 덮인 산에서 눈이 녹고 얼음이 녹을 무렵이면 영락없이 제비꽃이 피기 시작해서 이런 별명이 붙었어요. 이제는 처마 밑에서 제비집을 보기 힘들지만 예전에는 지붕의 처마 밑에 제비들이 집을 짓고 살았어요. 추운 겨울에 따뜻한 남쪽으로 가서 겨울을 난 제비가 따뜻한 봄이 되면 돌아오는데, 이 시기에 맞추어 꽃이 핀다고 해서 제비꽃이란 이름이 붙여졌지요. 제비꽃과 생김새가 비슷한 종지나물이라는 식물이 있는데, 동그랗게 오므라진 잎이 마치 종지(간장이나 고추장을 담아 상에 놓는 작은 그릇)처럼 생겨서 붙은 이름이에요. 1945년 이후에 미국에서 들어온 귀화식물로, 흔히 '미국제비꽃'이라고도 해요. 꽃의 빛깔도 비슷하고, 꽃잎이 젖혀진 모습도 비슷한 두 식물을 자세히 비교해 보세요.

제비꽃

 ## 제비꽃과 종지나물은 이렇게 달라요.

	제비꽃	종지나물
과명	제비꽃과	제비꽃과
분류	여러해살이풀	여러해살이풀
크기	10cm	20cm
자라는 곳	산과 들의 양지	산과 들
꽃 피는 시기	4~5월	4~5월
꽃말	겸양	성실, 겸손
이용	어린순은 나물로 먹고 전초는 약용해요.	어린순은 식용해요. 잎과 꽃으로 전을 부쳐 먹어요.
특징	열매는 6월에 익어요. 종류도 많고 별명도 다양해요.	열매는 7월에 익어요. 1945년 이후에 들어온 귀화식물이에요.

종지나물

더 비교해 보아요

꽃

제비꽃

종지나물

뿌리에서 나온 꽃줄기 끝에 1개씩 옆을 향해 달려요. 보라색 또는 짙은 자주색이며 커다란 꿀주머니가 있어요. 꽃받침 잎은 끝이 뾰족해요.

뿌리에서 나온 꽃줄기 끝에 1개씩 옆을 향해 달려요. 보라색이 많지만 이따금 흰색이나 황록색 꽃이 피기도 해요.

잎

제비꽃

종지나물

긴 타원형으로 끝이 둔하며 가장자리에 얕은 톱니가 있어요. 꽃이 핀 다음에 자라는 잎은 달걀 모양의 삼각형이에요.

종지 모양으로 끝이 뾰족하고 가장자리에 자잘한 톱니가 있어요. 잎자루는 잎보다 길어요.

 줄기

제비꽃
원줄기가 없고 뿌리에서 긴 자루가 있는 잎이 나와요.

종지나물
원줄기가 없이 뿌리에서 잎이 바로 나와요.

 열매

제비꽃
여러 개의 씨방으로 된 긴 타원형의 열매로, 익으면 3갈래로 벌어져요.

종지나물
여러 개의 씨방으로 된 긴 타원형의 열매로 7월에 익으며, 씨는 검은 갈색이에요.

나폴레옹이 사랑한 제비꽃

나폴레옹은 제비꽃을 유난히 좋아하여 젊은 시절에는 제비꽃 소대장이라는 별명도 있었어요. 그는 제비꽃을 동지의 상징으로 삼기도 했어요. 나폴레옹이 권력을 잃고 엘바섬으로 쫓겨날 때 복귀한다는 뜻으로 "제비꽃이 필 무렵 다시 돌아오겠다."라고 한 말이 유명하지요.

더 알아봐요!

강남 갔던 제비가 돌아올 때 피는 제비꽃

제비꽃만큼 다양한 종을 가진 식물도 드물 거예요. 식물도감에 올라 있는 것만 해도 70여 종이나 되지요. 또 같은 종이라도 변이가 일어나고 새로운 종이 나타나는 등 계속 진화 중이에요. 제비꽃 종류는 꽃의 빛깔이나 잎의 생김새, 털의 유무, 꽃줄기와 뿌리의 형태 등으로 구분하지만 헷갈리는 것이 많아요. 대표적인 제비꽃을 더 알아볼까요?

❋ **고깔제비꽃** : 꽃이 필 무렵에는 양쪽 잎의 밑부분이 안으로 말려서 고깔 모양처럼 돼요.

❋ **남산제비꽃** : 잎이 3개로 완전히 갈라지고 갈라진 것이 다시 2개씩 갈라져요. 주변에서 흔히 볼 수 있어요.

❋ **호제비꽃** : 잎은 넓은 삼각형으로 끝이 뾰족하고 가장자리에 물결 모양의 톱니가 있어요.

❋ **왜제비꽃** : 뿌리줄기가 짧고, 줄기는 없어요. 꽃은 연한 자주색이나 자주색이에요.

고깔제비꽃

남산제비꽃

🍀 **알록제비꽃** : 잎이 넓은 타원형이며 앞면에 흰색 얼룩무늬가 있어요.

🍀 **노랑제비꽃** : 잎은 심장 모양이고, 꽃은 노란색이에요.

🍀 **털제비꽃** : 잎이 달걀 모양이며 양면에 짧은 털이 많이 나 있어요.

🍀 **졸방제비꽃** : 꽃줄기를 따라 흰색 꽃이 달리고 입술모양꽃부리에 자주색 줄이 있어요.

호제비꽃

왜제비꽃

알록제비꽃

노랑제비꽃

털제비꽃

졸방제비꽃

- 🌸 콩제비꽃 : 잎은 심장 모양이고, 꽃은 흰색이에요.
- 🌸 왕제비꽃 : 줄기가 있고 곧게 서며, 키가 40~90cm로 커요.
- 🌸 단풍제비꽃 : 잎은 단풍잎 모양이고, 꽃은 흰색이에요.
- 🌸 금강제비꽃 : 잎은 심장 모양이며, 윗부분에 자주색 반점이 있어요. 꽃은 흰색이에요.

콩제비꽃

왕제비꽃

단풍제비꽃

금강제비꽃

- 민둥뫼제비꽃 : 잎은 길이 1~3cm의 달걀 모양으로 끝이 뾰족하고 밑부분은 심장 모양이에요.
- 흰젖제비꽃 : 잎은 긴 삼각형으로 끝이 뾰족하고, 꽃은 흰색이에요.
- 삼색제비꽃 : 유럽 원산으로 관상용이에요. 꽃은 노란색, 자주색, 흰색 등이 있어요.
- 태백제비꽃 : 잎은 달걀 모양의 삼각형이거나 긴 달걀 모양이고, 꽃은 흰색이에요.

민둥뫼제비꽃

흰젖제비꽃

삼색제비꽃

태백제비꽃

자리공

자주괴불주머니

연꽃

가시연꽃

돌나물

쇠비름

02

잎이 비슷해요

돌나물과 쇠비름
자리공과 미국자리공
붓꽃과 꽃창포
연꽃과 수련
가시연꽃과 빅토리아연꽃
참취와 수리취
현호색과 자주괴불주머니

더 알아봐요!
봄날 날렵하게 피는 현호색

돌나물과 쇠비름

돌나물은 집 주변의 돌 틈에서 주로 자란다고 해서 붙여진 이름이에요. 지금은 아파트가 많이 들어서 도시에서는 흔히 볼 수 없지만, 농촌이나 교외의 돌이 많은 곳에는 꼭 있어요. 별 모양의 작은 꽃이 피면 마치 돌에 아름다운 별이 수를 놓은 듯 아름다워요. 또한 쇠비름은 밭에 나는 잡초로 취급을 받지만 사실은 쓰임새가 굉장히 많아요. 꽃은 낮에만 피어서 아침과 저녁에는 볼 수 없어요. 돌나물과 쇠비름은 봄나물로 먹는데, 맛도 좋고 건강에도 좋은 먹거리 식물이에요. 둘 다 꽃과 잎이 비슷하게 생겨서 구분하기가 쉽지 않지만, 줄기를 보면 구별할 수 있어요. 돌나물은 줄기가 연갈색인데 쇠비름은 줄기가 붉은색을 띠어요. 이 밖에도 어떤 점이 다른지 살펴보세요.

돌나물

 ## 돌나물과 쇠비름은 이렇게 달라요.

	돌나물	쇠비름
과명	돌나물과	쇠비름과
분류	여러해살이풀	한해살이풀
크기	15cm	15~30cm
자라는 곳	산과 들	묵은 밭과 들
꽃 피는 시기	5~6월	6~9월
꽃말	근면	불로장수
이용	식용, 약용해요.	나물과 샐러드로 먹거나, 약용해요.
특징	잎이 다육질이에요.	줄기가 붉어요.

쇠비름

더 비교해 보아요

돌나물

긴 타원형 잎이 3개씩 돌려나요.

쇠비름

긴 타원형 잎이 마주나고 잎자루가 없으며 다육질이에요.

돌나물

꽃대 끝에 지름 0.6~1cm 정도의 노란 꽃이 1개 피고 주변 가지에서도 계속 꽃이 피어요.

쇠비름

가지 끝에 2~5개씩 피는데, 꽃자루가 없어요.

오행초라고도 부르는 쇠비름은 잡초?

쇠비름은 뿌리는 흰색, 줄기는 붉은색, 잎은 푸른색, 꽃은 노란색, 씨앗은 검은색으로 오행을 갖춘 식물이라고 해서 오행초라고 불렸어요. 또 먹으면 장수한다고 해서 장명채라고도 불렸듯이, 예전부터 약재로 많이 사용되었어요. 요즘에도 나물이나 샐러드를 만들어 먹는 이로운 식물이지만, 밭에서는 성가신 잡초로 취급돼요.

 줄기

돌나물
땅에 바짝 붙어 옆으로 벋으면서 마디마다 뿌리를 내려요.

쇠비름
줄기는 가지로 갈라지는데, 아랫부분은 땅을 기고 윗부분은 비스듬히 서요.

돌나물 과 같은 종류에는 이런 식물도 있어요.

대구돌나물 | 대구에서 처음 발견되어 이 이름이 붙었어요. 꽃도, 잎도 모두 돌나물에 비해 작아요.

멕시코돌나물 | 멕시코에서 들어와 제주도에 사는 외래식물이에요. 번식력이 좋고, 꽃도 키도 모두 돌나물보다 커요.

• 69 •

자리공과 미국자리공

자리공은 예전에 어린 새순을 나물로 먹었어요. 그런데 이제는 우리 주변에서 찾아보기 힘든 식물이 되었지요. 자라는 환경이 바뀐 탓이에요. 자리공이 사라진 자리를 대신 미국자리공이 차지했고, 이제 주변에서 볼 수 있는 자리공은 대부분 미국자리공이에요. 자리공은 우리 토종 식물이지만 미국자리공은 미국에서 들어온 귀화식물이에요. 생김새가 많이 닮아서 얼핏 보면 잎도 꽃도 비슷하게 보이지만, 자세히 들여다보면 다른 점을 많이 찾을 수 있어요. 미국자리공이 자리공보다 키가 훨씬 크고, 자리공은 꽃밥이 연한 홍색이지만 미국자리공은 꽃밥이 흰색이에요. 키도 다르고, 꽃밥도 다른 이 두 식물을 자세히 관찰하고 비교해 볼까요?

자리공

 ## 자리공과 미국자리공은 이렇게 달라요.

	자리공	미국자리공
과명	자리공과	자리공과
분류	여러해살이풀	여러해살이풀
크기	100cm	100~150cm
자라는 곳	산과 들의 길가 또는 밭 주변	도시 주변, 공단 주변 오염 지대
꽃 피는 시기	5~6월	6~9월
꽃말	환희, 소녀의 꿈	미인, 잴 수 없는 사랑
이용	어린순을 나물로 먹어요.	어린순을 나물로 먹어요.
특징	뿌리는 독성이 강해서 먹지 못해요. 어린순은 물에 담가 독성을 제거하고 먹어야 해요.	미국에서 들어온 귀화식물이에요. 주변 어느 곳에서나 있어요.

미국자리공

더 비교해 보아요

자리공
잎은 어긋나고 피침 모양으로 양끝이 좁으며 가장자리가 밋밋해요.

미국자리공
잎은 어긋나며 타원형 또는 달걀 모양으로 양끝이 좁고 가장자리가 밋밋해요.

자리공
연분홍빛을 띠는 흰색이에요.

미국자리공
붉은빛을 띠는 담홍색이에요.

자리공
연한 녹색이에요.

미국자리공
붉은색이에요.

자리공 열매가 익으면 이삭이 곧게 서요.

미국자리공 열매가 익으면 이삭이 아래로 처져요.

자리공 과 같은 종류에는 이런 식물도 있어요.

섬자리공 | 높이가 약 100cm예요. 울릉도에서만 자라는 품종이에요.

자리공은 어떻게 이용할까?

경상도 지방에서는 자리공의 어린잎을 '장녹'이라고 하여 귀한 나물로 대접해요. 자리공 잎을 먹을 때는 뜨거운 물에 살짝 데쳐 찬물에 1~2일 정도 담가서 독성을 제거한 다음 무쳐 먹으면 맛이 좋아요. 자리공의 뿌리를 '상륙'이라 하며 약용해요. 열매는 옷을 염색하는 천연 염색제로 쓰고 가짜 포도주를 만드는 데 사용하기도 했어요.

붓꽃과 꽃창포

붓꽃은 외국에서 '아이리스'라고 불려요. 붓꽃이라는 이름은 꽃이 피기 전 꽃봉오리의 생김새가 서예를 할 때 사용하는 붓과 꼭 닮았기 때문에 붙여졌어요. 붓꽃과 비슷하게 생긴 꽃창포는 자라는 환경이 달라요. 주변의 마른 땅에서 자라는 것은 대부분 붓꽃이고, 산의 습한 곳에서 자라는 것은 꽃창포라고 생각하면 돼요. 이렇듯 두 식물은 비슷한 모습의 꽃과 잎을 가지고 있지만 살아가는 환경은 전혀 다르지요. 꽃의 생김새로 구분할 때는 흰색과 노란색, 호랑이 무늬가 그물처럼 퍼져 있으면 붓꽃이고, 그물무늬가 없으면 꽃창포예요. 이 무늬들은 벌이나 나비처럼 꽃가루를 옮겨주는 곤충들을 부르는 중요한 역할을 해요. 이 밖에도 어떤 점이 다른지 자세히 관찰해 보세요.

붓꽃

 ## 산국과 감국은 이렇게 달라요.

	산국	감국
과명	국화과	국화과
분류	여러해살이풀	여러해살이풀
크기	100cm	60~90cm
자라는 곳	산지	산지
꽃 피는 시기	9~10월	9~10월
꽃말	순수한 사랑	그윽한 향기
이용	어린순은 나물로 먹어요.	꽃잎은 차로 마시거나 술을 담가 먹어요.
특징	꽃잎 맛이 쌉싸래해요.	꽃잎에서 단맛이 나요.

감국

 붓꽃과 꽃창포는 이렇게 달라요.

	붓꽃	꽃창포
과명	붓꽃과	붓꽃과
분류	여러해살이풀	여러해살이풀
크기	60cm	60~120cm
자라는 곳	들과 산기슭	산과 들의 습지
꽃 피는 시기	5~6월	6~7월
꽃말	기쁜 소식	좋은 소식, 우아한 마음
이용	관상용, 약용해요.	관상용이에요.
특징	꽃잎 속에 그물무늬가 있어요.	꽃잎 속에 그물무늬가 없어요.

꽃창포

더 비교해 보아요

길이 30~50cm, 너비 0.5~1cm의 긴 칼 모양이며, 회녹색이에요.

길이 20~60cm, 너비 0.5~1.2cm의 창 모양이며 중간 맥이 뚜렷해요.

꽃에 흰색과 노란색, 호랑이 무늬가 그물처럼 퍼져 있어요.

꽃잎 속에 그물무늬가 없어요.

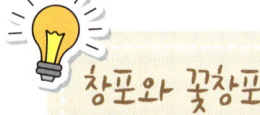

창포와 꽃창포

단오에 창포물로 머리를 감으면 머릿결에 윤기가 흐르고 1년 내내 머리에 병이 생기지 않는다고 했어요. 이때 쓰는 창포는 꽃창포와 이름이 비슷하지만 전혀 다른 식물이에요. 꽃창포는 붓꽃과에 속하지만 창포는 천남성과에 속하지요. 꽃창포는 창포와 생김새가 비슷하면서 꽃이 훨씬 예쁘다고 붙여진 이름이에요.

줄기

붓꽃

땅속줄기가 옆으로 뻗으면서 줄기가 뭉쳐나며 곧게 서요.

꽃창포

뿌리줄기는 갈색 섬유로 덮여 있고 원줄기는 곧게 서요.

열매

붓꽃

끝이 터지면 갈색의 씨가 나와요.

꽃창포

갈색이며 뒤쪽에서 터져요. 씨는 적갈색이에요.

붓꽃 과 같은 종류에는 이런 식물도 있어요.

흰붓꽃 | 흰꽃이 피어요.

노랑무늬붓꽃 | 우리나라 특산식물로 경북과 태백산에서 살아요.

난쟁이붓꽃 | 키가 작아서 붙여진 이름으로 강원도에서 살아요.

제비붓꽃 | 강원도 이북의 습한 곳에서 살아요.

솔붓꽃 | 예전에 뿌리로 솔을 만들었다고 하여 붙여진 이름이에요.

각시붓꽃 | 꽃과 잎이 모두 작아서 붙여진 이름이에요.

연꽃과 수련

식물은 살아가는 환경이 각각 달라요. 마른 땅에서 살아가는 식물, 습지에서 살아가는 식물, 늪에서 사는 식물, 물에서 사는 식물 등으로 구분되지요. 연꽃은 늪지에서 살아가는 대표적인 식물이에요. 물이 고여 있는 곳에서 자라는 연꽃은 불교를 상징하는 식물이기도 해요. 또 연꽃은 뿌리, 잎, 꽃, 씨앗을 모두 먹거리로 이용하는 만큼 우리와 친숙하지요. 그래서 연못에 핀 꽃을 모두 연꽃이라고 부르기도 하지만, 연꽃 외에도 다양한 종류가 있어요. 그중 대표적인 것이 수련이에요. 연꽃은 꽃의 빛깔이 홍색이지만 수련은 흰색이라서 구분이 돼요. 하지만 연꽃 중에도 흰색 꽃이 피는 것도 있으니, 꽃과 잎의 모양을 자세히 살펴봐야 해요.

연꽃

 ## 연꽃과 수련은 이렇게 달라요.

	연꽃	수련
과명	수련과	수련과
분류	여러해살이 수초	여러해살이 수초
크기	1~2m	1m
자라는 곳	연못	연못
꽃 피는 시기	7~8월	6~8월
꽃말	당신은 아름답습니다	청순한 마음
이용	뿌리, 잎, 꽃, 씨앗을 식용, 약용해요.	어린순은 나물로 먹어요.
특징	열매는 9월에 익어요. 잎과 꽃이 물 위에 떠 있어요.	열매는 9월에 물속에서 익어요.

수련

더 비교해 보아요

잎

연꽃

수련

지름 40cm 정도로 둥글고 잎맥이 가운데 점에서 사방으로 퍼져나가요. 잎자루는 겉에 가시가 있고 속에는 땅속줄기의 구멍과 연결되는 구멍이 있어요. 잎이 물에 젖지 않고 물 위에 떠 있어요.

두꺼운 달걀 모양으로 밑부분이 화살 밑처럼 깊게 갈라져요. 앞면은 녹색으로 윤기가 나고 뒷면은 자줏빛이에요. 수면 위에 펼쳐져요.

열매

연꽃

수련

껍질이 딱딱하며 타원형의 검은색 씨가 꽃받침의 구멍 속에 들어 있어요. 연밥이라고도 해요.

물속에서 싹이 터요.

연꽃이 상징하는 것은?

연꽃은 진흙 속에서 피어 더욱 깨끗하고 고귀해 보이는 꽃이에요. 그래서 어려운 환경을 이겨내는 것을 의미하기도 하고 불교에서는 깨달음을 상징하기도 해요. 특히 불교에서 연꽃은 극락세계를 상징하여 각종 문양에 사용되었어요.

꽃

연꽃
꽃줄기 끝에 홍색, 흰색으로 1개씩 달리며, 지름은 15~20cm예요. 꽃받침은 지름 10cm 정도로 크고 편평하며 꽃받침조각은 4~5개예요.

수련
긴 꽃자루 끝에 흰색으로 1개씩 달려요. 정오쯤 피었다가 저녁 때 오므라들어요. 꽃잎은 8~15장이며, 꽃받침조각은 4개예요.

꽃줄기

연꽃
굵은 뿌리줄기가 옆으로 뻗어가며 가을에는 끝부분이 두꺼워져요.

수련
굵고 짧은 땅속줄기가 있어요.

연꽃 | 수련 과 같은 종류에는 이런 식물도 있어요.

백련 | 연꽃 중에 흰색으로 피는 종류도 있어요.

각시수련 | 꽃이 오전에는 물속에 있다가 오후에 올라오며 오후 4시 이후에는 다시 물속으로 들어가요.

가시연꽃과 빅토리아연꽃

가시연꽃은 우리나라에서 희귀식물이에요. 우리나라 일부 지역에만 자라는데, 현재 가장 큰 자생지는 경상남도의 우포늪과 주남저수지예요. 하지만 주변의 습지가 점차 사라지면서 자생지가 위협받고 있어요. 우리나라에서 자라는 연꽃 종류 중에서 잎의 지름이 가장 큰 것은 1~2m나 돼요. 그런데 이보다 더 큰 연꽃을 외국에서 들여와 식물원에서 재배하고 있는 것이 빅토리아연꽃이에요. 빅토리아연꽃의 다른 이름은 '큰가시연꽃'이지요. 지름이 최대 2m 정도인 거대한 잎을 가지고 있고, 향기로운 꽃이 피는 게 특징이에요. 꽃은 처음 핀 날에는 흰색이지만, 둘째 날에는 분홍색으로 변해요. 첫날에 강한 향기와 열로 딱정벌레를 끌어들여 꽃 속에 가둔 뒤, 하루가 지나면 다시 꽃잎이 열려서 48시간 동안만 꽃이 피어요. 연꽃 중의 연꽃, 가시연꽃과 빅토리아연꽃을 비교해 보세요.

가시연꽃

가시연꽃과 빅토리아연꽃은 이렇게 달라요.

	가시연꽃	빅토리아연꽃
과명	수련과	수련과
분류	한해살이풀	여러해살이풀
크기	잎 지름이 20~200cm	잎 지름이 90~180cm
자라는 곳	늪지대, 습지대	늪지대, 습지대
꽃 피는 시기	7~8월	7~8월
꽃말	그대에게 행운(감사)을	행운
이용	식용, 약용해요.	관상용이에요.
특징	꽃대가 잎을 뚫고 올라와요. 멸종위기 보호종이에요.	꽃은 2일 동안 피고 시들어요.

빅토리아 연꽃

더 비교해 보아요

잎

가시연꽃

빅토리아연꽃

새로 싹 튼 잎은 작고 침 모양인데, 점차 펴져 둥글게 되고 광택이 나며 가시가 돋아요. 지름 1~2m까지 커요.

지름 90~180cm의 원 모양이며 가장자리는 약 15cm 높이로 위를 향해 구부러져요. 앞면은 광택이 있는 녹색이고, 뒷면은 짙은 붉은색이에요.

꽃

가시연꽃

가시 돋친 꽃자루 끝에 자주색으로 피어요.

빅토리아연꽃

처음에는 흰색 또는 연한 붉은색이고 이틀 후부터 짙은 붉은색으로 바뀌어요.

꽃줄기

가시연꽃

식물 전체에 가시가 나 있어요.

빅토리아연꽃

가시가 많이 나 있어요.

가시연꽃 과 같이 물속에서 살아가는 이런 식물도 있어요.

노랑어리연꽃 | 꽃은 7~9월에 오이꽃과 비슷하게 피고 밝은 노란색이에요.

좀어리연꽃 | 꽃은 6~7월에 피며 지름이 약 0.8cm 이고 흰색이에요. 제주도와 남부지방에 살아요.

어리연꽃 | 꽃은 7~8월에 피고, 흰색 바탕의 꽃잎 주변에 가늘고 부드러운 털이 촘촘히 나 있어요.

남개연 | 꽃은 7~9월에 노란색으로 피며, 지름 2~3cm의 둥근 컵 모양이에요.

빅토리아연꽃의 유래는?

빅토리아연꽃은 1801년 남아메리카의 볼리비아에서 영국 식물학자들에게 처음 발견되어 주목을 받았어요. 이후 아마존강이 원산지로 밝혀졌으며, 1836년 영국 식물학자 존 린들리가 빅토리아 여왕을 기념하여 학명에 '빅토리아'를 붙였어요. 그리고 1849년에 인공재배에 성공하여 유럽과 아시아 등 세계 각지로 전파되었지요. 우리나라에서는 큰가시연꽃이라고 해요.

참취와 수리취

우리 민족은 나물을 많이 먹는 민족이에요. 봄이 되면 산과 들에서 나물을 뜯어 먹기도 하고 말려두었다가 일 년 내내 나물로 먹기도 해요. 이 나물 중에서 대표적인 것이 '취나물'이라 불리는 참취예요. 취나물하면 대개 참취를 가리키지만 수리취와 미역취, 곰취를 취나물이라 부르기도 해요. 이른 봄 새순이 올라올 때는 참취와 수리취의 잎 모양이 비슷하여 구분하기가 쉽지 않지만, 가을에 꽃이 피면 쉽게 구분할 수 있지요. 참취는 국화처럼 작고 흰 꽃이 여러 개 달리지만, 수리취는 수레바퀴를 닮은 크고 붉은 꽃이 옆을 향해 피어요. 꽃이 수레바퀴를 닮았다고 해서 식물의 이름도 수리취라고 해요. 참취와 수리취는 어떤 부분이 비슷하고 또 어떤 부분이 다른지 비교해 볼까요?

참취

 ## 참취와 수리취는 이렇게 달라요.

	참취	수리취
과명	국화과	국화과
분류	여러해살이풀	여러해살이풀
크기	100~150cm	40~100cm
자라는 곳	산이나 들의 초원	산지의 양지
꽃 피는 시기	8~10월	9~10월
꽃말	이별	장승
이용	어린순은 나물로 먹어요.	어린순은 나물로 먹어요.
특징	나물로 많이 먹어요.	단옷날 수리취떡을 만들어 먹어요.

수리취

더 비교해 보아요

심장 모양으로 가장자리에 굵은 톱니가 있어요. 양면에 털이 나 있어요.

달걀 모양 또는 긴 타원형으로 뒷면에 흰색 솜털이 빽빽이 나 있어요.

흰색으로 피어요. 꽃줄기가 아래에서 위로 차례대로 달리는데, 아래 꽃줄기가 길어서 위의 것과 편평하게 돼요.

원줄기 끝이나 가지 끝에 옆을 향하여 달려요. 꽃이 수레바퀴를 닮았어요.

단오에 먹는 수리취떡

옛날에는 단오를 추석이나 설날 못지않은 명절로 여겼는데, 이때 수리취 잎을 뜯어 만든 떡을 수리취떡이라고 해요. 수리취떡을 만들 때는 수레바퀴 모양의 떡살을 찍는데, 여기에는 그해의 풍년을 기원한다는 의미를 담고 있으며, 모든 일이 수레바퀴처럼 잘 돌아가라는 뜻도 있대요.

참취 — 가지가 옆으로 길게 나와서 원줄기와 비슷하게 자라요.

수리취 — 능선이 지며 자줏빛이 돌고 흰 털이 빽빽해요. 윗부분에서 2~3개의 가지가 갈라져요.

참취 — 익어도 터지지 않는 열매로 11월에 맺혀요.

수리취 — 익어도 터지지 않는 열매로 11월에 맺히며, 갈색의 부드러운 털이 있어요.

참취 와 같은 종류에는 이런 식물도 있어요.

곰취 | 잎이 곰 발바닥을 닮았다고 해서 곰취라고 해요. 고원이나 깊은 산의 습지에서 자라며, 키는 1~2m예요. 잎이 둥글어서 참취와 구별돼요.

미역취 | 산과 들에서 자라며, '돼지나물'이라고도 불러요. 키는 30~85cm이고 잎은 긴 타원형이에요.

• 89 •

현호색과 자주괴불주머니

현호색은 집 주변의 낮은 언덕이나 높은 산에서도 볼 수 있어요. 그만큼 살아가는 환경이 다양하고 종류도 많지요. 이른 봄에 어디를 가나 보이는 현호색은 꽃의 생김새가 꾀꼬리를 닮았어요. 꽃이 아름다워 양귀비의 피부 같다는 뜻으로 '양귀비'라고도 불렸대요. 이것과 비슷한 봄꽃이 자주괴불주머니예요. 꽃이 달린 모습이 옛날 어린아이들이 갖고 놀던 '괴불주머니(색 헝겊을 접어서 그 속에 솜을 통통하게 넣고 수를 놓은 장난감)' 같다고 해서 붙여진 이름이에요. 자주괴불주머니는 주로 남부지방에서 자라는 식물이라 중부 이북에서는 잘 볼 수 없지요. 두 식물은 꽃만 보면 잘 구분되지 않지만, 잎과 키를 보고 구별할 수 있어요.

현호색

 ## 현호색과 자주괴불주머니는 이렇게 달라요.

	현호색	자주괴불주머니
과명	현호색과	현호색과
분류	여러해살이풀	여러해살이풀
크기	20cm	20~50cm
자라는 곳	산과 들의 습기가 있는 곳	산기슭 음지
꽃 피는 시기	4월	4~5월
꽃말	보물주머니, 비밀	보물주머니
이용	식용, 약용해요.	약용해요.
특징	꽃이 새를 닮았어요.	꽃이 옛날 주머니를 닮았어요.

자주괴불주머니

더 비교해 보아요

현호색: 잎이 1~2회 3개씩 갈라져요. 갈라진 조각은 달걀 모양이고 가장자리에 톱니가 있어요.

자주괴불주머니: 잎자루가 길고 작은잎이 3개씩 2번 나와요.

현호색: 연한 홍자색이며 5~10개의 꽃이 아래에서부터 어긋나게 달려요.

자주괴불주머니: 자주색으로 피며, 여러 개의 꽃이 아래에서부터 어긋나게 달려요. 밑에 꿀주머니가 있고 한쪽은 입술 모양으로 퍼져요.

현호색: 여러 개의 씨방으로 된 열매로, 양 끝이 좁고 한쪽으로 편평해져요.

자주괴불주머니: 여러 개의 씨방으로 된 열매로, 편평한 긴 타원형이에요.

줄기

현호색
덩이줄기에서 나온 줄기는 20cm 정도로 자라요.

자주괴불주머니
긴 뿌리 끝에서 여러 대가 나오며, 능선이 있고 가지가 갈라져요.

자주괴불주머니 와 같은 종류에는 이런 식물도 있어요.

염주괴불주머니 | 키는 40~60cm예요. 꽃은 4~5월에 노란색으로 피며, 열매가 염주알을 닮았어요.

산괴불주머니 | 습한 산지에서 자라며, 키는 약 40cm예요. 원줄기는 속이 비고 곧게 자라며 가지가 갈라져요.

괴불주머니의 유래는?

괴불주머니는 옛날 어린아이들이 갖고 놀던 노리개에서 유래했어요. 비단 조각을 삼각형으로 접어서 그 속에 솜을 통통하게 넣고 둘레를 바느질하여 마무리한 것으로, 위쪽에는 작은 고리를 붙이고 양쪽 다리 끝에는 술을 달아 늘어뜨리도록 되어 있어요. 이 주머니를 차면 나쁜 기운을 없애준다고 믿었어요. 본래 괴불이란 연꽃의 뿌리에 자라는 열매를 말해요.

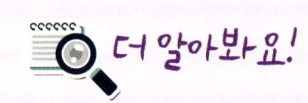

봄날 날렵하게 피는 현호색

현호색은 봄철 산과 들에서 볼 수 있는 작은 풀이에요. 키가 작아서 자세히 봐야 보이지만 꽃의 생김새가 꼭 새 같기도 하고 길쭉한 주머니 같기도 하여 매우 독특하지요. 현호색은 종류가 많아 전 세계에 200여 종이 분포하고 우리나라에서도 10여 종이 자라고 있어요. 꽃보다는 잎으로 구별하지만 워낙 변화가 심하고 품종이 다른 것끼리 섞여 새로운 품종이 생겨나기도 해서 자세히 살펴봐야 구별할 수 있어요.

- **왜현호색** : 꽃은 자줏빛이 도는 하늘색이고, 잎은 거꾸로 세운 달걀 모양 또는 긴 타원형이에요.
- **들현호색** : 잎은 어긋나고 표면은 녹색, 뒷면은 회청색이에요. 꽃은 홍자색으로 피어요.
- **갈퀴현호색** : 꽃은 진한 청색이며, 꽃받침이 갈퀴 모양으로 갈라져요.
- **점현호색** : 꽃은 청자색이며, 잎에 흰색 반점이 많아요.
- **조선현호색** : 꽃은 파란색, 하얀색 또는 연한 자주색이며, 꽃받침은 작아 눈에 띄지 않아요.
- **댓잎현호색** : 꽃은 연한 자주색이며, 잎은 대나무 잎을 닮았어요.
- **좀현호색** : 꽃은 홍자색이고, 한쪽이 입술 모양이며 다른 쪽에는 꿀주머니가 있어요. 열매는 염주 모양으로 잘록잘록하며 검은색의 씨가 들어 있어요.
- **흰현호색** : 꽃은 흰색이며, 열매는 구부러져 있어요.
- **남도현호색** : 남쪽 지방에서 자라며, 흰색 꽃에 파란 무늬가 있는 것이 특징이에요.
- **날개현호색** : 꽃은 보통 청자색으로 피는데, 드물게 흰색 또는 분홍색으로 피

는 것도 있어요. 날개현호색은 점현호색과 비교할 때, 아래쪽 바깥꽃잎의 밑부분이 화살촉 모양이에요.

왜현호색　들현호색　갈퀴현호색
점현호색　조선현호색
댓잎현호색　좀현호색
흰현호색　남도현호색　날개현호색

도라지

나도바람꽃

자운영

흰괭이눈

토끼풀

석산

03

서로
비슷해요

흰괭이눈과 괭이밥
토끼풀과 자운영
상사화와 석산
도라지와 더덕
나도바람꽃과 너도바람꽃

더 알아봐요!
바람 부는 언덕에 피는 바람꽃

흰괭이눈과 괭이밥

식물에 동물의 이름을 붙이는 것은 그 동물과 관련이 있기 때문이에요. 식물의 이름에 붙은 동물을 보면 꿩, 노루, 다람쥐 등 예전에 주변에서 흔히 볼 수 있던 것들이에요. 그중에서도 고양이와 강아지는 우리에게 매우 친숙한 동물이지요. 흰괭이눈은 노란 꽃이 고양이의 눈을 닮았다고 해서 이름이 붙여졌어요. 괭이밥은 고양이가 이 식물을 잘 먹는다고 해서 이렇게 부른대요. 괭이밥에는 소화작용을 돕는 성분이 들어 있어, 고양이가 소화가 잘 되지 않을 때는 괭이밥을 먹는다고 해요. 흰괭이눈과 괭이밥은 이름은 비슷하지만 전혀 다른 식물이에요. 괭이밥은 주변 길가나 밭, 공원 등지에서 흔하게 볼 수 있지만, 흰괭이눈은 산의 계곡 근처 물이 흐르는 곳이나 주변에 습기가 많은 곳에서 만날 수 있어요. 흰괭이눈과 괭이밥은 과연 어떻게 다를까요?

흰괭이눈

 ## 흰괭이눈과 괭이밥은 이렇게 달라요.

	흰괭이눈	괭이밥
과명	범의귀과	괭이밥과
분류	여러해살이풀	여러해살이풀
크기	5~20cm	10~30cm
자라는 곳	산과 들의 습지	들이나 밭
꽃 피는 시기	4~5월	5~8월
꽃말	골짜기의 황금, 변하기 쉬운 마음	빛나는 마음
이용	어린순은 나물로 먹어요.	잎은 식용하고 전초는 약용해요.
특징	꽃이 고양이의 눈을 닮았어요.	잎이 토끼풀과 비슷해요.

괭이밥

더 비교해 보아요

흰괭이눈

연한 노란빛을 띤 녹색의 작은 꽃이 피며, 꽃 둘레의 잎도 연한 노란색이에요.

괭이밥

잎겨드랑이에서 긴 꽃자루가 나와 그 끝에 노란색으로 피어요.

흰괭이눈

넓은 달걀 모양이며 안으로 굽은 톱니가 있어요. 잎자루는 짧아요.

괭이밥

잎은 마주나고 3개의 작은잎이 옆으로 퍼져 있어요. 햇빛이 적을 땐 잎이 오므라져요.

괭이밥은 진짜 고양이가 먹을까?

괭이밥은 고양이밥이라는 뜻이에요. 그렇다면 정말로 고양이가 먹는 식물일까요? 잎을 따서 먹어 보면 신맛이 나는데, 아마도 소화에 도움이 되어 먹었을 것으로 생각돼요. 예전 어린아이들은 이 잎을 따 먹으며 '시금치'라고 부르기도 했어요.

흰괭이눈 땅 위로 벋고 마디에서 뿌리를 내려요.

괭이밥 땅에 엎드리거나 또는 비스듬히 10cm 안팎의 높이로 자라요. 가지를 많이 쳐요.

흰괭이눈 여러 개의 씨방으로 된 열매는 2개로 깊게 갈라지고 갈라진 조각은 크기가 서로 달라요.

괭이밥 여러 개의 씨방으로 된 열매는 길이가 1.5~2.5cm이며, 안에 많은 씨가 들어 있어요.

흰괭이눈 과 같은 종류에는 이런 식물도 있어요.

금괭이눈 | 잎에 노란색이 많아서 붙여진 이름이에요.

선괭이눈 | 잎은 연하고 줄기가 꼿꼿이 서요.

애기괭이눈 | 괭이눈 가운데 가장 작아요.

천마괭이눈 | 천마산에서 처음 발견되어 붙여진 이름이에요.

토끼풀과 자운영

토끼풀은 토끼가 잘 먹는다고 해서 붙여진 이름으로, 우리 주변에서 아주 흔하게 볼 수 있는 식물이에요. 특히 들판의 풀밭이나 꽃밭 등에 많아요. 이렇게 우리 주변에 널리 퍼져 있어서 토종 식물로 알고 있지만, 사실은 유럽이 원산지인 외래종이에요. 이런 토끼풀과 생김새가 비슷한 자운영은 중국이 원산지인 귀화식물이며, 예전에는 거름으로 많이 쓰였어요. 남부지방에서 농사를 짓기 전 논밭에 자운영 씨를 뿌리고 꽃이 질 무렵 땅을 갈아서 농작물을 심었어요. 땅을 기름지게 할 수 있는 비료가 귀하던 시절에, 자운영은 훌륭한 비료 역할을 했지요. 요즘에는 논밭에 자운영 씨를 잘 뿌리지 않아서 예전처럼 많이 보이지는 않아요. 두 식물은 모두 콩과식물로, 꽃의 옆모습이 비슷하지만 빛깔이 다르고 잎의 생김새도 차이가 많이 나요. 두 식물을 비교해 볼까요?

토끼풀

 ## 토끼풀과 자운영은 이렇게 달라요.

	토끼풀	자운영
과명	콩과	콩과
분류	여러해살이풀	두해살이풀
크기	20~30cm	10~25cm
자라는 곳	산과 들, 길가 풀숲	논, 밭, 풀밭
꽃 피는 시기	6~7월	4~5월
꽃말	약속, 행운, 평화	그대의 관대한 사랑
이용	녹비식물, 소나 양 등 가축의 먹이로 이용해요.	어린순은 나물로 먹고 전초는 약용해요. 녹비식물, 밀원식물이에요.
특징	잎이 대개 3개의 작은잎으로 이루어져요.	잎이 9~11개의 작은잎으로 이루어져요.

자운영

더 비교해 보아요

토끼풀

꽃줄기 끝에 나비 모양의 흰 꽃들이 여러 개 옆으로 달려 피어요.

자운영

꽃줄기 끝에 여러 개 꽃이 옆으로 달려 홍색을 띤 자주색으로 피어요.

토끼풀

대부분 3개의 작은잎으로 이루어지는데, 4개가 달린 것도 있어요.

자운영

작은잎 9~11개가 깃 모양으로 달려 있어요.

행운의 네잎클로버

전쟁터에 있던 나폴레옹이 클로버(토끼풀) 무리 속에서 잎이 네 개인 것을 발견하고 고개를 숙였는데 마침 총알이 그의 머리 위로 날아가서 목숨을 건졌다고 하여 네잎클로버를 행운의 상징으로 여기고 있어요. 그러나 훨씬 이전부터 네잎클로버는 희망과 신앙, 행복 등을 상징하는 풀로 여겨졌어요. 특히 6월 24일 또는 그 전날 밤에 네잎클로버를 뜯어 지니고 있으면 악마를 물리친다고 믿었어요.

 줄기

토끼풀

땅 위를 기며, 각 마디에서 긴 잎자루를 가진 잎이 나와요.

자운영

줄기가 사각형이에요. 밑에서 가지가 많이 갈라져 옆으로 자라다가 곧게 서요.

 열매

토끼풀

9월에 꼬투리 모양의 열매가 익으면 두 줄로 갈라져 4~6개의 씨가 튀어나와요.

자운영

꼭지가 짧고 긴 타원형의 꼬투리 속에 씨가 2~5개 들어 있어요. 익으면 두 줄로 갈라져요.

자운영 과 같은 종류에는 이런 식물도 있어요.

자운영(흰색)

자운영(분홍색)

상사화와 석산

봄에 꽃이 피는 나무 중에 꽃이 지고 나서 잎이 나오는 것들이 있어요. 개나리, 목련, 벚나무, 생강나무 등이 그렇지요. 그렇지만 풀 중에서는 이렇게 꽃과 잎이 서로 보지 못하는 경우가 거의 없어요. 그런데 상사화는 이른 봄에 잎이 먼저 나오고 여름에 잎이 시들면 꽃이 피어, 잎과 꽃이 서로 만나지 못한다고 해서 이 이름이 붙었어요. '상사'는 서로 생각하고 그리워한다는 말로, 잎과 꽃이 서로를 보지 못해 그리워한다는 뜻이에요. 비슷한 특성이 있는 석산은 '꽃무릇'이라고도 불려요. 또 석산을 상사화라고 부르기도 하지만 둘은 다른 식물이에요. 상사화는 잎이 먼저 나고 8월 중순 이후 잎이 진 다음에 꽃이 피고, 석산은 9월경 꽃이 먼저 피었다가 꽃이 떨어지면 잎이 나와서 이듬해 4월경에 시들어요. 비슷하면서도 다른 상사화와 석산을 자세히 비교해 보세요.

상사화

 ## 상사화와 석산은 이렇게 달라요.

	상사화	석산
과명	수선화과	수선화과
분류	여러해살이풀	여러해살이풀
크기	50~70cm	30~50cm
자라는 곳	중부 이남의 부엽질이 많은 반그늘이나 양지	절 근처 숲속 그늘
꽃 피는 시기	8~9월	9~10월
꽃말	이루어질 수 없는 사랑	이룰 수 없는 사랑, 슬픈 추억
이용	약용, 관상용이에요.	약용, 관상용이에요.
특징	잎이 시들고 나면 꽃이 피어요.	꽃이 진 후 잎이 나와요.

석산

더 비교해 보아요

연한 보라색을 띠어요.

짙은 선홍빛이에요.

봄에 꽃보다 먼저 나와요.

꽃이 시든 후 가을에 나와서 이듬해 봄에 시들어요.

비늘줄기(알뿌리)에서 꽃줄기가 나와요.

비늘줄기(알뿌리)에서 꽃줄기가 나와요.

열매

상사화
열매를 맺지 못하며 비늘줄기로 번식해요.

석산
열매를 맺지 않고 비늘줄기로 번식해요.

상사화 와 같은 종류에는 이런 식물도 있어요.

붉노랑상사화 | 꽃의 빛깔은 황금색이며, 암술머리가 붉어요.

진노랑상사화 | 진한 노란색 꽃이 피며, 전남 불갑산과 내장산에 분포하는 한국 특산종이에요.

연노랑상사화 | 연한 노란색 꽃이 피며, 내장산과 영광 지역에 분포해요.

절 근처에 석산이 많은 까닭은?

석산은 선운사와 백양사, 불갑사, 쌍계사 등 절 근처에 군락을 이루고 있는 경우가 많아요. 이는 석산의 알뿌리가 경전을 만들 때 쓰는 풀의 원료가 되기 때문이에요. 석산 알뿌리에는 독성인 알칼로이드 성분이 많은데, 이것이 방부제 역할을 해준다고 해요. 또 불화를 그릴 때에도 천에 바르면 오래 보관할 수 있어요.

도라지와 더덕

식물은 우리가 살아가는 데 매우 중요한 역할을 해요. 벼에서 얻은 쌀로 밥을 지어 먹고, 시금치와 상추 등의 잎을 나물로 먹어요. 오이와 고추, 가지 등은 열매를 반찬으로 먹지요. 이렇듯 식물의 잎과 열매를 이용해서 여러 가지 음식을 해 먹어요. 이 외에도 뿌리를 먹는 식물이 있어요. 뿌리를 반찬으로 만들어 먹거나 약으로 쓰는데, 그중 대표적인 식물이 도라지와 더덕이에요. 이 두 식물은 쓰임새가 비슷해서 생김새도 서로 비슷할 것으로 생각되지만, 잎이나 꽃, 줄기의 생김새가 달라요. 도라지는 줄기가 곧게 서서 자라지만, 더덕은 덩굴성으로 줄기가 다른 식물을 감고 올라가면서 자라는 것이 특히 다른 점이지요. 맛도 좋고 약효도 좋은 두 식물을 자세히 살펴보세요.

도라지

도라지와 더덕은 이렇게 달라요.

	도라지	더덕
과명	초롱꽃과	초롱꽃과
분류	여러해살이풀	여러해살이풀
크기	40~100cm	덩굴줄기 길이가 2~5m
자라는 곳	산과 들	숲속
꽃 피는 시기	7~8월	8~9월
꽃말	영원한 사랑	성실, 감사
이용	식용, 약용해요.	약용해요.
특징	오래 묵은 도라지는 산삼 못지않은 효능이 있어요.	뿌리에서 강한 향이 나요.

더덕

더 비교해 보아요

꽃

도라지

더덕

흰색 또는 보라색으로 위를 향하여 피며, 펼친 종 모양으로 끝이 5개로 갈라져요.

꽃이 아래를 향해 달려요. 종 모양으로 겉은 연한 녹색이고 안쪽에는 갈자색 점이 있어요.

잎

도라지

더덕

긴 달걀 모양으로 끝이 뾰족하고 가장자리에 톱니가 있으며 잎자루는 없어요.

짧은 가지 끝에서는 4개의 잎이 서로 접근하여 마주나므로 모여 달린 것 같아요.

줄기

도라지

더덕

줄기는 곧게 서고, 자르면 흰색 즙액이 나와요.

덩굴성으로, 자르면 흰색 즙액이 나와요.

열매

도라지

여러 개의 씨방으로 된 열매로, 달걀 모양이고 꽃받침조각이 달린 채로 익어요.

더덕

여러 개의 씨방으로 된 열매로 원뿔 모양이고, 씨앗은 아주 작아요.

도라지 와 같은 종류에는 이런 식물도 있어요.

비너스도라지 | 북아메리카가 원산지인 외래식물이에요.

애기도라지 | 전라남도와 제주도의 따뜻한 곳에서 자라요.

홍노도라지 | 제주도 홍노리에서 처음 발견되었어요.

흰도라지모시대 | 뿌리가 도라지를 닮았어요. 키는 70cm 정도예요.

잔대는 무엇일까?

잔대도 도라지처럼 초롱 모양 꽃이 피고 잎의 생김새도 비슷해요. 그러나 꽃의 빛깔이 하늘색이며, 크기도 도라지꽃보다는 작아요. 잔대 역시 뿌리를 식용하거나 약용하는데, 한방에서는 인삼 못지않다고 해서 사삼이라고 부르기도 해요.

나도바람꽃과 너도바람꽃

이름에 '나도', '너도'라는 단어가 붙은 식물들이 있어요. '나도'가 붙으면 원래 이름을 가진 식물 못지않다는 뜻이고, '너도'가 붙으면 원래 이름을 가진 식물보다 좀 못하다는 뜻이에요. 그렇지만 이른 봄부터 한여름까지 꽃을 피우는 바람꽃 종류들은 어느 것이나 다 예뻐요. 외국에서는 이 식물을 'wind flower'라고 부르는데, 원예종으로 많이 개발되었어요. 산의 계곡에서 자라는 너도바람꽃은 겨울이 가기 전, 산에 아직 눈이 남아 있는 3월에 작은 꽃대를 올리며 "이제 봄이 왔어요." 하고 봄소식을 전하는 꽃이라 더욱 귀엽고 앙증맞아요. 그러면 나도바람꽃과 너도바람꽃은 어떻게 구별할까요?

나도바람꽃

 ## 나도바람꽃과 너도바람꽃은 이렇게 달라요.

	나도바람꽃	너도바람꽃
과명	미나리아재비과	미나리아재비과
분류	여러해살이풀	여러해살이풀
크기	20~30cm	15cm
자라는 곳	강원도 이북 산지의 음지	산지의 숲이나 음지
꽃 피는 시기	5~6월	3~4월
꽃말	비밀스러운 사랑	사랑의 비밀, 사랑의 괴로움
이용	관상용이에요.	관상용이에요.
특징	꽃은 봄에 피어요.	꽃은 이른 봄에 피어요.

너도바람꽃

더 비교해 보아요

원줄기 끝에 작은 꽃들이 촘촘하게 많이 달려요. 꽃자루는 길이가 3cm 정도예요.

길이 1cm 정도의 꽃자루 끝에 1개씩 달려요.

표면은 녹색이고 뒷면은 흰 가루를 뿌린 듯하며 짧은 털이 있어요. 작은잎은 달걀 모양이에요.

넓은 원형 또는 달걀 모양으로, 가장자리가 깊이 패어 들어가고 잔톱니가 있어요.

줄기가 약하고 곧게 서며 밑부분에 비늘 조각 같은 잎이 몇 개 있어요.

줄기는 연약하고 곧게 서요.

열매

나도바람꽃
3~5개가 비스듬히 위를 향해 달려요. 여러 개의 씨방으로 된 열매는 타원형이고 털이 없어요.

너도바람꽃
여러 개 씨방으로 된 열매는 반달 모양이며 짧은 열매자루가 있어요.

바람꽃은 어떤 꽃?

바람꽃은 여러 종류가 있는데 대부분 봄에 꽃이 피지만 본종인 바람꽃만 특이하게도 여름에 꽃을 피워요. 게다가 높은 산에서 자라기 때문에 다른 바람꽃처럼 쉽게 볼 수 없어요. 키는 20~40cm이고, 꽃은 흰색이며, 꽃잎은 없으나 꽃잎처럼 생긴 꽃받침조각이 5개 정도 있어요.

나도바람꽃 과 같은 종류에는 이런 식물도 있어요.

바람꽃 | 높은 산지에서 자라며, 7~8월에 흰색 꽃이 피어요.

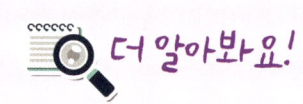

바람 부는 언덕에 피는 **바람꽃**

바람꽃은 바람이 부는 곳에서 잘 자란다고 하여 붙여진 이름이에요. 종류가 꽤 많아서 너도바람꽃처럼 이른 봄 잔설을 뚫고 나와 꽃을 피우는 것도 있고, 본종인 바람꽃처럼 여름이 되어야 피는 것도 있어요. 변산이나 풍도, 태백 등 처음 발견된 지역의 이름이 붙은 종도 여럿 있어요. 다양한 바람꽃을 비교해 보세요.

🌸 **변산바람꽃** : 너도바람꽃과 함께 이른 봄에 피며, 변산에서 처음 발견된 우리나라 특산종이에요.

🌸 **풍도바람꽃** : 서해의 풍도에서 처음 발견되었어요. 변산바람꽃보다 꽃이 크면서도 화려해요.

변산바람꽃   풍도바람꽃   만주바람꽃

꿩의바람꽃   회리바람꽃

- 🌸 만주바람꽃 : 꽃이 매우 작아요. 무리를 이루고 주변에서 쉽게 볼 수 있어요.
- 🌸 꿩의바람꽃 : 바람꽃 종류 중 꽃잎이 가장 많아요. 가늘고 긴 꽃줄기가 꿩의다리와 비슷하다고 해서 붙여진 이름이에요.
- 🌸 회리바람꽃 : 꽃의 생김새가 회오리 같아서 붙여진 이름이에요. 꽃이 작아 찾기가 쉽지 않고 주로 중부 이북에서 자라요.
- 🌸 들바람꽃 : 꽃이 크면서도 수술이 불꽃처럼 올라와 있는 것이 특징이에요.
- 🌸 세바람꽃 : 잎이 세 갈래로 갈라져요. 제주도 한라산 일대에서 자라요.
- 🌸 태백바람꽃 : 회리바람꽃과 들바람꽃의 교배종인 것으로 추측하고 있어요. 태백산에서 자라요.
- 🌸 홀아비바람꽃 : 꽃대 하나에 꽃이 하나씩 달려요. 높은 산의 능선에서 자라요.
- 🌸 남바람꽃 : 흰색 꽃이 대개 2개씩 달려요. 꽃대에 털이 있고 꽃잎은 없어요. 열매는 익어도 터지지 않으며 털이 있어요.

들바람꽃

세바람꽃

태백바람꽃

홀아비바람꽃

남바람꽃

찾아보기

ㄱ
가는잎구절초 • 47
가시연꽃 • 82
각시붓꽃 • 77
각시수련 • 81
갈퀴현호색 • 94
감국 • 52
개미취 • 48
갯개미취 • 51
갯메꽃 • 35
고깔제비꽃 • 60
곰취 • 89
괭이밥 • 98
구절초 • 44
금강제비꽃 • 62
금괭이눈 • 101
꽃창포 • 74
꽃층층이꽃 • 36
꿩의바람꽃 • 119

ㄴ
나도바람꽃 • 114
나팔꽃 • 32
난쟁이붓꽃 • 77
날개현호색 • 94
남개연 • 85
남구절초 • 47
남도현호색 • 94
남바람꽃 • 119
남산제비꽃 • 60
너도바람꽃 • 114
노랑무늬붓꽃 • 77
노랑어리연꽃 • 85
노랑제비꽃 • 61
뇌향국화 • 55

ㄷ
단풍제비꽃 • 62
대구돌나물 • 69
댓잎현호색 • 94

더덕 • 110
도깨비엉겅퀴 • 31
도라지 • 110
돌나물 • 66
돌양지꽃 • 23
두메층층이 • 39
두메탑꽃 • 39
둥근이질풀 • 43
들바람꽃 • 119
들현호색 • 94

ㅁ
만주바람꽃 • 119
메꽃 • 32
멕시코돌나물 • 69
물양지꽃 • 23
미국자리공 • 70
미역취 • 89
민둥뫼제비꽃 • 63
민들레 • 24

ㅂ
바람꽃 • 117
백련 • 81
뱀딸기 • 20
벌개미취 • 48
변산바람꽃 • 118
붉노랑상사화 • 109
붓꽃 • 74
비너스도라지 • 113
빅토리아연꽃 • 82

ㅅ
산괴불주머니 • 93
산국 • 52
삼색제비꽃 • 63
상사화 • 106
서양민들레 • 24
석산 • 106
선괭이눈 • 101

선이질풀 • 43
섬자리공 • 73
세바람꽃 • 119
솔붓꽃 • 77
쇠비름 • 66
수련 • 78
수리취 • 86
쑥부쟁이 • 44

ㅇ
알록제비꽃 • 61
애기괭이눈 • 101
애기나팔꽃 • 35
애기도라지 • 113
애기메꽃 • 35
양지꽃 • 20
어리연꽃 • 85
엉겅퀴 • 28
연꽃 • 78
연노랑상사화 • 109
염주괴불주머니 • 93
왕제비꽃 • 62
왜제비꽃 • 60
왜현호색 • 94
유럽쥐손이풀 • 43
이질풀 • 40

ㅈ
자리공 • 70
자운영 • 102
자주괴불주머니 • 90
점현호색 • 94
제비꽃 • 56
제비붓꽃 • 77
조선현호색 • 94
졸방제비꽃 • 61
좀개미취 • 51
좀민들레 • 27
좀어리연꽃 • 85
좀쥐손이풀 • 43

좀현호색 • 94
종지나물 • 56
쥐손이풀 • 40
지느러미엉겅퀴 • 31
지칭개 • 28
진노랑상사화 • 109

ㅊ
참취 • 86
천마괭이눈 • 101

ㅋ
콩제비꽃 • 62
큰메꽃 • 35
키큰산국 • 55

ㅌ
탑꽃 • 36
태백바람꽃 • 119
태백제비꽃 • 63
털제비꽃 • 61
토끼풀 • 102

ㅍ
풍도바람꽃 • 118

ㅎ
현호색 • 90
호제비꽃 • 60
홀아비바람꽃 • 119
홍노도라지 • 113
회리바람꽃 • 119
흰괭이눈 • 98
흰노랑민들레 • 27
흰도라지모시대 • 113
흰민들레 • 27
흰붓꽃 • 77
흰엉겅퀴 • 31
흰젖제비꽃 • 63
흰현호색 • 94